·中美博弈视角下的中国与世界·

争夺"叙事主导权"
中美博弈新战场

明金维 ◎ 著

世界知识出版社

图书在版编目（CIP）数据

争夺"叙事主导权"：中美博弈新战场 / 明金维著. -- 北京：世界知识出版社，2025.4
ISBN 978-7-5012-6693-7

Ⅰ.①争… Ⅱ.①明… Ⅲ.①对外政策—宣传工作—研究—中国②中美关系—研究 Ⅳ.① D820 ② D822.371.2

中国国家版本馆 CIP 数据核字 (2023) 第 211409 号

项目统筹	王瑞晴
责任编辑	蔡金娣 张子悦
责任出版	赵 玥
责任校对	陈可望

书　　名	争夺"叙事主导权"：中美博弈新战场 Zhengduo "Xushi Zhudaoquan"：Zhong-Mei Boyi Xin Zhanchang
作　　者	明金维
出版发行	世界知识出版社
地址邮编	北京市东城区干面胡同 51 号（100010）
网　　址	www.ishizhi.cn
电　　话	010-65233645（市场部）
经　　销	新华书店
印　　刷	北京中科印刷有限公司
开本印张	710 毫米 ×1000 毫米　1/16　13½ 印张
字　　数	200 千字
版次印次	2025 年 4 月第一版　2025 年 4 月第一次印刷
标准书号	ISBN 978-7-5012-6693-7
定　　价	68.00 元

版权所有　侵权必究

推荐语

叙事既宏大又精微，既抽象又具体，深刻地影响着人类的社会生活。新中国的独立自强、和平发展之路，也是不断探索、实践、丰富、验证、创造新叙事的过程，这引发了美国越来越强的忌惮和打压，双方的叙事之争逐渐构成中美战略博弈的一条主线。如果认识不到这一点，就看不清中美关系乃至这个世界的真相。明金维先生的新著《争夺"叙事主导权"：中美博弈新战场》揭示并生动地阐述了这一点，值得公务员、媒体人及社会科学工作人员阅读，这会对他们的工作产生帮助。

——观察者网总编辑何申权

本书作者是我曾经的同事，长期从事国际新闻报道和国际传播相关工作。通过对"叙事主导权"的定义和讨论，作者揭示了中美博弈中另外一个争夺激烈的战场，并就争夺"叙事主导权"提出了很多有针对性的建议和意见，读来很有启发，于我也是一次学习。

——"牛弹琴"

当今世界逢百年未有之大变局，国际形势云谲波诡，更有重重迷障。怎样才能真正讲好中国故事，塑造好中国形象？其根本在于议程设置能力。"明叔杂谈"是我目之所及在这方面最有影响力的账号之一。网络上海量的碎片带来的是短暂的狂欢与更深的困惑，给困惑者一个感性、对象性的框架是议程设置的第一要务，明叔做到了。

"叙事主导权"在中美博弈的背景下尤为重要，只有争到"叙事主导权"，才能占领舆论制高点，才能掌握国际话语权。在《争夺"叙事主导权"：中美博弈新战场》中，明叔以走遍全球五十多个国家的丰富经历展开思考与实践，纵谈国际国内大事，娓娓道来，令人倍感亲切。这本书的条理清晰、观点鲜明，帮助读者拨开迷雾，看清真相，坚定立场。

新战场呼唤新见识、新思路。有关争夺"叙事主导权"和掌握议程设置主动权，本书切中肯綮，值得一读！

——香港大公文汇传媒集团高级记者、北京新闻中心副总编辑凯雷

拜读明叔大作，感触实多。自2019年以来，针对中国的舆论攻击、造谣抹黑层出不穷，一小部分美国极端政客炮制大量对华谎言与谣言，其用心之险恶令人发指。

作为网络舆论战场上的战士，这些年来也坚持用创作回应时代号召，或许我们可以自称明叔的"战友"。书中深刻的思考和多维度的视角令我们产生极大共鸣。在此，我们推荐各位读者朋友细细品读《争夺"叙事主导权"：中美博弈新战场》。

——"乌合麒麟"

美国的舆论霸权是最晚形成的霸权，也很可能是最快衰落的霸权。这些年，曾经蛊惑人心的谎言幻象一个个破灭，越来越多中国人挣脱了崇美、媚美、恐美的"思想钢印"。得道多助，失道寡助，我们已经听到了舆论霸权分崩离析的声响。明叔就属于第一批看到"桅杆"的有识之士。多年来，他笔耕不辍，已经影响了众多有影响力的人，还将影响更多有志气、有担当的国人。作为新时代的新青年，吾辈自当直向风云激荡处，碧血丹心映长空。

——"朝阳少侠"

序

中国的发展是当今世界变化的重要方面，能够深刻地影响世界格局。在这一形势下，如何更好地阐述自身立场、应对部分外界势力的阻挠就成了一个重大课题。明金维的《争夺"叙事主导权"：中美博弈新战场》既是他多年思考和求索的结晶，也是他对于当下这一重大课题的回应。

在中文互联网上，明金维始终保持着自己的独特风格和态度，在这些年里形成了相当广泛的影响力。他不但能够对时代热点进行追踪，也能够深入思考、不断探索。他评点时事，关注民生，追踪社会焦点，更聚焦国际风云、天下大事，纵论世界变化。他对于各种问题的深入剖析，吸引了广大读者，成为他们思考和观察社会重要的参照物。

从内容来看，作为一个从中国的主流媒体成长起来的网络作者，明金维始终把中国的国家利益和中国人民的福祉放在第一位。中国立场是他安身立命的基础，也是他的关怀和责任所在。从论述手段来看，他冷静地分析，透彻地说理，深入地探究，能够把握事物的性质，厘清事件的原委。他说深说透问题的能力引人瞩目，体现了理性思考的穿透力。从传播来看，他还具有独特的"网络感觉"，能够把握自媒体的特性，这让他始终能够以接地气的方式与读者互动。可以说，明金维不仅拥有一颗和中国一起搏动的"热情的心"，也拥有一颗对时代不断深入思考的"冷静的脑"。把"理"讲明说透，把"情"抒真表切，他的影响力就来自这样独特的写作追求。

《争夺"叙事主导权"：中美博弈新战场》这部书着眼于世界上最引人注目、牵涉最广、影响最为深远的中美关系，特别着眼于中美关系中的"叙事主导权"之争。一方面，明金维利用透辟的说理，对当前世界格局下国际竞争中的叙事问题进行了条分缕析的剖析，令读者对于"叙事主导权"

的争夺有了更为深入的体认。他揭示了如何超越一些话语陷阱，既让真实的中国发展的现实和中国博大的关怀能够更好地为世人所理解，也更好地彰显了中国式现代化的独特道路和构建人类命运共同体的追求。他还解析了当下国际风云中的种种现实，展现了在挑战面前明智的选择和可能的发展方向。他认为，"叙事主导权"的争夺是长期的，历史和现实其实都能够影响未来的选择。

另一方面，明金维凭借自己丰富的国际经验、众多的具体感受来讲述关于叙事的许多真实的故事，让具体的细节和生动的事例发挥作用。这部书中的很多讲述都是明金维的切身体会和真切的感觉。将说理和叙述融合起来，说理便如解剖刀般锐利，直接穿透事物的本质，往往几句话就能揭示问题的症结；叙述则如现场报道一般生动，令读者感受到事情真实的一面。"叙事主导权"的争夺是在未来大国博弈中关键的议题。明金维在揭示这一议题的重要性的同时，更以全景式的观察、透彻的分析和生动的表述展开了对于这一议题全面的探究，为中国在这方面的努力提供了有价值的参考。

叙事在某种程度上就是"讲故事"。叙事既可以传递价值观，也可以提供观察世界的角度。争夺"叙事主导权"，就是要看谁讲的更有理，谁讲的更真实，谁讲的更能够得到历史的肯定和未来的认可。在各方面的复杂情势之中，争夺"叙事主导权"既是"务虚"，是有关观念和立场的辩论，更是"务实"，将对现实的国际关系和世界的变化产生巨大的影响。就此观之，《争夺"叙事主导权"：中美博弈新战场》值得关切当下变局和世界未来的读者关注。它所提出的问题、提供的思考都值得进一步探究。

北京大学中文系教授　张颐武
2025年2月

自序
让有信仰的人去传递信仰
—— 一个"自干五"的自白

按照BBC（英国广播公司）的说法，我现在应该是一个标准的"自干五"——"自带干粮的五毛党"。

之前有很长一段时间，我其实也是不用"自带干粮"的。从2002年到2014年，我在新华社国际部工作了12年，曾担任新华社国际部英文室主任，主要从事国际传播相关工作。那个时候，我几乎每天都在跟西方政客、媒体和所谓的"专家""打嘴仗"，由组织提供"干粮"。

2014年离开新华社后，我在互联网企业工作。从2016年起，我利用业余时间在微信公众号"明叔杂谈"上写文章，至今已发表了700余篇，持续关注中国故事的理论构建和逻辑论述。这个时候，我算是"自带干粮"了。当然，从根本上说，这也不是真正的"自带干粮"。我工作过的几家公司对我都是非常支持的，"干粮"主要是它们提供的。

我相信，在今天的中国，我并不是一个特例。在中国不断发展的过程中，越来越多的人像我一样，开始从内心深处认同中国的政治制度、发展道路和发展模式。

一个人真正为自己内心深处的信仰而努力的时候，就是他最自由的时候，也是他最快乐的时候。

接下来，我跟大家分享一下我个人成长的心路历程，特别是我是怎样变成了一个中国梦的坚定信仰者。

我本科在北大学英语。说实话，那个时候，我对"美国梦"也是抱有幻想的。"民主""自由""人权"……每一个词听起来都特别美好。后来，参加工作以后，有两件事情对我触动很大。

第一件事是，2004年至2006年，我在埃及驻外，发现当时的美国小布什政府正在搞所谓的"大中东计划"。我当时就很纳闷，伊朗政府是一人一票选举出来的，巴勒斯坦的哈马斯也是巴勒斯坦人一人一票选举出来的，但美国为什么就是不喜欢伊朗政府、不喜欢哈马斯呢？后来我才想清楚，美国并不是真的在乎民主，美国在乎的是自己的国家利益。

第二件事是，我2006年结束驻外，后来作为领导人出访的常备记者，去了四五十个国家。我当时发现，东南亚、非洲、拉美的很多国家，表面上实行的都是西方推崇的"自由民主制度"，但发展越来越差、问题重重。比如东南亚的菲律宾，20世纪80年代时，它的经济比中国要好很多，但2020年菲律宾人均GDP（国内生产总值）大概只有3300美元，而我们的人均GDP约为1万美元。中国人去菲律宾旅游的成本非常低。这样的国家在非洲、拉美还有很多。

我后来看日裔美籍政治学者弗朗西斯·福山的书，他在1989年提出了非常有名的"历史终结论"，预言西方"自由民主制度"将会成为人类历史发展的终极模式。但是后来，福山自己的观点也发生了改变。他在2004年又出版了一本书，叫作《国家构建：21世纪国家治理与世界秩序》。在这本书里，福山提出，判断一个国家发展的好坏，关键不是看政治制度，而是看实实在在的国家治理能力的强弱。其实，这就打破了美国和其他西方国家长期编造的一个意识形态谎言。美国和其他西方国家曾经到处宣扬，"自由民主"必然带来善治，必然带来国家富强、人民幸福。实际上，这根本就是扯淡。

经过上面两件事情，我基本上完成了一次认知觉醒。这个认知觉醒包含两个层面：第一个层面是，在经济领域，无论是市场还是计划，都只是一种资源配置的手段，使用哪一种手段并不是资本主义和社会主义的本质区别。市场也好，计划也好，关键在于能否使一个国家的经济获得繁荣，能否让经济发展的成果为全社会所共享。第二个层面是，在政治领域，美国那种所谓的"自由民主制度"只是一种国家治理方式，本身并没有天然的优势。判断一种治理方式的好坏，关键还是看治理效果。

后来，我听复旦大学中国研究院院长张维为教授讲，美国和其他西方国家制造了两种陷阱：一种是"市场原教旨主义陷阱"，也就是盲目夸大甚至是神化市场的作用；另一种是"民主原教旨主义陷阱"，也就是盲目夸大甚至是神化一人一票式民主的作用。跨越了这两个陷阱后，我豁然开朗。

这个时候，我听了美国诺贝尔经济学奖得主约瑟夫·斯蒂格利茨（2001年获诺贝尔经济学奖，2007年获诺贝尔和平奖，著有《美国真相：民众、政府和市场势力的失衡与再平衡》一书）的演讲，听了他对当代西方资本主义制度的批判，以及对中国发展道路和发展模式的积极评价，对自己的想法更有信心了。再后来，我又读了新加坡国父李光耀的外交智囊马凯硕的书《中国的选择：中美博弈与战略抉择》。我发现，像马凯硕这样的外国人，对中国道路、制度、理论和文化的信任度，要远远超过我们国内的很多人。

今天的美国，实行的根本不是什么自由民主制度。美国两党最大的目的不是实现民众的意愿，而是保住权力。为了保住权力，它们做了很多自肥的事情。游说集团、超级政治行动委员会（Super PAC），正在用金钱腐蚀着美国的政治制度。一个美国参议员在六年任期内，要将三分之二以上的时间用于筹款，平均每天要筹集4.5万美元，这样才能确保连任。美国的国家政策与民众支持度已经完全脱钩。同一项政策，老百姓的支持率无论是0，还是100%，最后通过的可能性都是30%，但富人支持的政策，最后成为法律的可能性却要大很多。这样的制度，有什么好羡慕的？

今天，虽然中国的治理体系和治理能力还有很多不完美、不完善的地方，但我在看待这些问题时与西方媒体、与国内"公知"不同，其中最大的不同在于，我认为这些问题是技术性的，是暂时的。这些问题当然需要解决，但它们并不影响中国政治制度、发展道路和发展模式的整体优越性。

过去几年世界局势的发展，再次验证了"天助自助者"的说法。特朗普发起的贸易战，不仅没有把中国打垮，反而让美国面临高通胀的难题。美国本来要把香港地区变成一个反中的桥头堡，却反倒促成了《中华人民共和国香港特别行政区维护国家安全法》（以下简称"香港国安法"）的出台。美国本来预计，新冠疫情会让中国崩溃，但最终新冠疫情却戳破了西方的制度神话。这可能就是国运吧。

最后，我想说的是，要讲好中国故事，光有我一个"自干五"肯定不够，还需要千千万万个像我这样的"自干五"，需要这些人开始基于理性，对中国的政治制度、发展道路和发展模式抱有坚定的信仰，然后再去国内外感染和影响更多的人。

让我们一起努力吧！

目 录

第一章 谁来定义中国：中美"叙事主导权"之争 1

1. 中美博弈新战场：争夺"叙事主导权" 2
2. 中国应避免落入西方的八大话语陷阱 15
3. 中国应警惕西方的民调陷阱 22
4. 中美博弈，中国需要更精准地定义美国 27
5. 舆论战，美国最怕中国的是什么？ 32

第二章 误读中国：美国为何痴迷"中国崩溃论"？ 39

1. 中美博弈，有八个"没有想到" 40
2. 中共成立已逾百年，美国为什么一直在误读中国？ 46
3. 美国猛打"新疆牌"的真实意图 50
4. 一错再错的西方媒体，无意间也成就了中国的崛起 54
5. 西方人零成本污蔑中国的时代结束了 57

第三章 美国"病了",却让中国"吃药" 59

1. 美国自己"病了",却总是在赖中国 60
2. 美国进入"黑铁时代" 65
3. 从"投票政治"退化成富豪政治,忽视民主的
美国哪有资格召开"民主峰会"? 73
4. 历史留给美国的时间不多了 82
5. 美国,四年一梦 86
6. 美国"卖拐",能忽悠"瘸"中国吗? 91

第四章 坚定自信,读懂一个复杂的中国 95

1. 在这里,我们一起读懂复杂的中国 96
2. 一堂简单的党课 101
3. 今天,14亿多中国人站在了历史正确的一边 108
4. 打破美国对"民主"的叙事垄断,构建中国的"民主自信" 113

第五章 讲好中国故事,通过"历史的三峡" 119

1. 人人都热爱和平,但只有有能力遏制战争的民族才能享有真正的和平 120
2. 孟晚舟案给我们留下的几点思考 124
3. 中美博弈是一场持久战,我们需要保持平常心 130
4. 从中华优秀传统文化中汲取营养,真正讲好中国故事 138
5. 中国即将通过"历史的三峡" 141

第六章 他山之石:他国现代化历程对中国的启示 145

1. 阿富汗"百年悲剧"对当代中国的启示 146
2. 冷战后"战斗民族"发展历程给中国的启示 150
3. 伊朗巴列维王朝的现代化历程及其给中国的启示 154

第七章 "公知"与汉奸：堡垒内部的敌人最可恨 157

1. 中国"公知"为什么会失败？ 158
2. 今天的汉奸不以为耻，反而觉得自己很高尚 163
3. 虚伪的21世纪汉奸 167
4. 部分海外中国人的"皈依者狂热" 170

第八章 争夺"叙事主导权"，中国需要什么样的人？ 175

1. 被BBC污蔑的"自干五"群体崛起，反映了
中国社会正在发生的一个重大变化 176
2. 爱国不可耻，不爱国才是可耻的 182
3. 在中美之间，中国人只能选择中国 187
4. 中国官方媒体需要什么样的人？ 190
5. 历史从来不是由精致的利己主义者写成的 194
6. 今天的中国记者，都应该努力构建中国社会的最大公约数 199

第一章 谁来定义中国：中美「叙事主导权」之争

1. 中美博弈新战场：争夺"叙事主导权"

新加坡国父李光耀的外交智囊、新加坡前常驻联合国代表马凯硕在其新书《中国的选择：中美博弈与战略抉择》"中文版序言"中提到，有一件事确凿无疑，美国与中国之间的博弈将持续一二十年。

2018年3月，美国特朗普政府单方面对中国发起贸易战，打响了21世纪中美作为两个大国博弈的第一枪。但是，美国与中国进行的博弈，远远不止贸易战这么简单。从发起贸易战开始，美国不断对华为等中国高科技企业、学术机构等进行制裁，实际上是想封死中国科技和产业的上升通道，这已经是科技战、产业战了。

除此之外，深谙软实力之道的美国，也在对中国乃至全世界发起一场认知和思想上的战争，其大致可以归纳为舆论战。在这场世纪性的舆论战中，美国凭借在全球媒体、智库、学术机构、非政府组织（NGO）等方面的霸权，掌握了对世界各国发展道路和发展模式的定义权、对世界各国行为和结果的解释权，从而构建起了一种美国的"叙事主导权"。

千万不要小看"叙事主导权"的作用。谁掌握了"叙事主导权"，谁就掌握了定义好坏、是非、对错的权力。往好了说，就是占据了道义的制高点。往坏了说，就是可以"把稻草说成金条"。

今天的中美博弈中，中国有时候感到吃力，不仅仅与经济、科技、军事等硬实力有关。中美硬实力之间的差距是肉眼可见的，但也是在逐渐缩小的。我们感到吃力的主要原因还是在于软实力方面，其中"叙事主导权"可能是我们最深的痛点。

美国的"叙事主导权"，背后是美国政府、学界、媒体和非政府组织共同形成的一种叙事。美国通过各种明的、暗的方式，对其他国家的政府、学界、媒体和非政府组织进行渗透，最终将美国的叙事变成一种全球性叙事。

1946年，美国冷战战略之父、遏制政策的提出者乔治·凯南作为美国驻苏联大使馆临时代办，向美国国务院发送了一封后来赫赫有名的"长电报"。在这封电报中，他系统地阐述了美苏冷战的战略。凯南在电报中提出了一个观点：对于美国来说，至关重要的是"要给全世界人民营造出这样一种国家印象"，即美国在国内取得了成功，而且整个国家"充满精神活力"。

美国赢得冷战，跟凯南的战略不无关联，而凯南提到的"营造出这样一种国家印象"，其实就是"叙事主导权"的具体体现。在美苏冷战中，美国将自己打造成"自由、民主世界的领袖"，对苏联的政治制度、国家发展、社会状况极尽抹黑、攻击之能事。苏联最终在全世界很多人心目中，成了一个被美国定义的"红色邪恶帝国"。

苏联最终解体，根本原因还是其内部制度僵化、腐败严重，社会、经济、思想、外交等各方面都出现了严重问题，但美国通过自己掌控的"叙事主导权"对苏联发展模式的解构，特别是对苏联国家形象的抹黑，让苏联在全世界民众心目中丧失了道义合法性，也是其解体的一个重要因素。

今天，美国与中国博弈时，其所作所为明显带有冷战的色彩。自新中国成立以来，美国和其他西方国家对中国的定义和解释就从来没有停止过。中美建交后，这种势头一度有所缓和。但从20世纪90年代初开始，美国和其他西方国家再次频繁对中国发动舆论战。30多年来，美国从来没有放弃用自己的方式来定义和解释中国。

现在，美国和其他西方国家仍在时时刻刻通过制造话语陷阱、思维陷阱，对中国进行歪曲定义、歪曲解释。比如：它们将中美博弈定义为"自由民主制度和极权制度的较量"；它们把中国特色社会主义制度称为"列宁、斯大林主义制度"；它们把中国维护国家主权、安全和发展利益的正当举措，称为"咄咄逼人的扩张主义""战狼外交""破坏以规则为基础的国际秩序"；它们唱衰中国经济，各种"中国崩溃论"虽然一再被"打脸"，却屡屡沉渣泛起；它们自我吹嘘"盟友遍天下"，营造一种中国在国际社会上"被孤立""面临失败"的印象；……

由于美国及其盟友掌握着"叙事主导权"，它们的"胡说八道""信口开河"不仅在国际社会上影响了一批人，而且在中国国内也影响了一批人。

在这里，我尝试对美国精心编造的各种谎言叙事进行一次梳理和解构，希望更多国内民众在认知上早日觉醒，冲破美国和其他西方国家为我们设置的思维禁锢，避免落入它们设置的话语陷阱、认知陷阱，对中国的政治制度、发展道路和发展模式产生更为清醒、更为自信的认识。

谎言叙事之一："美国打压中国是因为中国放弃了'韬光养晦'的战略，采取了咄咄逼人的对外政策"

2018年3月，美国特朗普政府单方面对中国发起贸易战。此时，美国和其他西方国家媒体炮制了一种谎言叙事。它们不去直面美国阻挠、遏制中国发展的野蛮行径，反而指责中国在国际社会上"咄咄逼人"，并谎称这最终引发了美国的反制。国内也有一些人相信了这种谎言叙事，幻想只要中国低调、服软、认输，美国就可以放中国一马。

实际上，美国打压、遏制中国的原因，正如马凯硕在其新书中明确指出的那样，是美国不甘心自己在国际体系中的优势地位被中国取代。不仅特朗普不甘心，拜登同样不甘心。甚至在整个美国社会，承认美国会被中国取代已经成为一种"政治不正确的禁忌"。也正因如此，拜登在当地时间2021年3月25日上任后的首次新闻发布会上就宣称："在我的任期内，这（中国超越美国）不会发生。"

美国打压、遏制中国，归根结底，还是美国的霸权思维、冷战思维在作怪。美国不能接受中国崛起为世界第一大经济体，更不能接受中国在国际体系中挑战美国的主导地位。但实际上，中国发展的主要目的还是让中国民众过上好日子，中国从来不是从"颠覆美国霸权"入手，去制定国家的对内、对外政策的。

美国对中国的发展战略和意图存在严重误判，这是当前中美关系恶化的根本原因。

谎言叙事之二："美国打压中国高科技企业、学术机构、学者等，是因为中国损害了美国国家安全"

面对中国的竞争，美国想的不是提高自身的核心竞争力，光明正大地让自己赢，而是采取了一种非常不光彩的手段——"我不行，我要让你更不行。"

美国商务部长吉娜·雷蒙多2021年9月下旬在接受媒体采访时明确提出，美国和欧洲应该"让中国创新的脚步放慢"。

过去几年，美国对华为、大疆等中国高科技企业进行野蛮打压，特别是对华为搞"断供"，胁迫台积电等停止为华为提供芯片生产代工服务，这完全违背了美国一贯标榜的自由市场原则。美国用行政手段干预全球供应链、价值链，给全世界都带来了严重影响。

没有任何证据显示，华为、大疆等中国企业从事了损害美国国家利益的行为。如果它们真的"有错"，那也只能怪它们的产品做得太好，让同行业的美国公司相形见绌。美国打压华为、大疆等中国高科技企业，本质上还是希望通过阻挠中国优秀企业的发展，使中国科技创新、产业升级的步伐放慢，幻想用行政手段损害中国的竞争力，最终实现阻挠、迟滞甚至打断中国发展进程的目的。

从某种程度上来说，这也不完全是坏事。美国的无赖行为正在产生一种反效果。中国举国上下在美国打压之下同仇敌忾，变得空前的团结，并产生了独立自主发展的动力。这几年，中国正在把美国在全球供应链、产业链上的威胁、讹诈，内化成中国自主创新的强大动力。从历史上看，美国对中国限制、提防得越厉害，中国就越有可能走出一条独立自主的发展道路，从"两弹一星"到今天的北斗卫星导航系统、空间站，莫不如此。

谎言叙事之三："美国是全世界自由民主的典范、灯塔和领袖，拥有无可辩驳的道义合法性"

美国不厌其烦地标榜自己是"全世界自由民主的典范、灯塔和领袖"，可以对其他国家指指点点。但其实深究就可以发现，这是一个彻头彻尾的谎言。

无论从人权、国际还是"民主"来看，今天的美国都与它的宣传不同，不仅是一个不折不扣的资本主义国家，而且是一个垄断资本控制国家经济命脉和政治生活的国家，丝毫不在意美国普通民众的生活。

在人权问题上，美国自己劣迹斑斑。在美国国内，黑人等少数族裔人群遭遇制度性歧视，已经成为一种顽疾。2020年，黑人弗洛伊德被白人警察"跪杀"，引发全美民众抗议运动，就是明证。

美国在国内没有很好地保护少数族裔的人权，在世界各地，它更是屡屡犯下各种践踏人权的罪行。

2021年8月底，美国从阿富汗撤军。在喀布尔机场发生爆炸后，现场一片慌乱，美军士兵盲目开枪，打死了很多无辜平民。更令人发指的是，美国随后仓促发起报复行动，炸死了阿富汗一家无辜的平民，其中包括多名儿童。在全世界的舆论压力下，美国军方不得不承认错误，并承诺提供赔偿。几十年来，在美国发动的各种战争中，因为美军滥用暴力而流离失所、家破人亡的普通民众到底有多少呢？他们的悲伤又能向谁倾诉呢？

即便是在"民主"这个让美国最引以为傲的领域，美国现在也是一个"差等生"。马凯硕指出，在1980—2010年的30年里，美国50%的底层人口的平均收入不增反降。美国现在实行的很多政策，完全是劫贫济富，违背了美国的立国之本。

美国的选举完全是资本控制的游戏。有钱人通过直接捐款、组建超级政治行动委员会，对候选人下注。候选人一旦上台，就会明目张胆地对自己的支持者搞回报。美国总统会将一些不那么敏感但又有一定重要性的驻外大使职位"送给"自己的支持者，而这竟然是完全合法的操作。

美国的法律也只代表富人的利益。在美国华盛顿，长期活跃着一些所谓的"公关公司""游说公司"，它们通过各种权钱交易，推动美国国会通过对它们所代表的资本最有利的各种法律、法规。

总而言之，当前的美国，社会贫富差距加大、两极对立严重。美国已经成为一个不折不扣的"富豪资本主义国家"。

谎言叙事之四："中国是一个邪恶的极权主义国家"

美国在给自己的政治制度涂脂抹粉的同时，不断给中国泼脏水，特别是对中国的政治制度、发展道路和发展模式进行各种污蔑和攻击。

今天的中国走上中国特色社会主义道路，其背后有三个因素：中国共产党的领导；中国从西方引进的市场、法治、产权等现代国家和社会治理理念，以及实打实的科学技术、管理经验等；中国数千年来形成的治国理政思想。

历史上的中国深受儒家学说影响，强调施行"仁政"，强调政府和民众之间是"水能载舟，亦能覆舟"的关系，强调要在大一统思想下保持中央的权威。今天，中国治国理政的思想和实践，既吸收了西方文艺复兴、工业革命之后逐渐形成的一些现代化概念，也受到了中国传统治国理政思想的影响。

传统中国对于稳定和秩序有一种天然的偏好。对于这样一个超大型国家而言，外有蛮族威胁，内有各种地方割据势力的隐患，只有整个国家保持稳定，一切按一定秩序运转，才有机会实现国泰民安。

今天的中国，在国家统一、社会稳定、经济繁荣的基础上，正在不断完善治理体系，提高治理能力、实践新的"仁政"理念、开创新的"盛世"。

未来，也许我们可以用更具中国传统特色的话语方式，去描述我们今天的政治制度、发展道路和发展模式。

谎言叙事之五："美国关心中国香港、新疆、西藏地区的人权"

二战结束后，在取代英国成为全球霸主的过程中，美国一度支持全球各地的民族独立运动，具有一定的进步性，这也让美国人在潜意识里觉得美国是一个具有崇高道义感的国家，美国在乎全世界人民的人权。部分美国政客也正是基于美国人的这种情感，将推行美国霸权的政策包装为对其他国家人权的关心，以人权为由干涉他国内政。

在中美关系中，美国动辄拿中国香港、新疆、西藏地区的人权说事。然而，这根本不是因为美国真的在乎中国这些地区民众的权益。美国反复在涉港、涉疆、涉藏问题上摆出一副人权"教师爷"的面孔，不过是为了拔高自己的道义合法性，同时"踩一踩"中国。这些议题，归根结底都是美国用来打压、遏制中国的一张张牌而已。

假设美国在人权问题上实事求是，它就应该给中国政府竖起大拇指，因为正是在中国政府的努力下，新疆、西藏地区人民的生活得到了极大改善，享受到了中国历史上前所未有的繁荣。

在涉港问题上，美国也极尽抹黑之能事，对于香港目前的状况视而不见，一再编造香港人民人权受损的故事。事实上，在遭遇2019年的"修例风波"后，香港已经在中央政府和特区政府的共同努力下逐渐恢复稳定。今后，香港将一步一步对之前那种极端资本主义的做法进行纠偏，打破利益集团的阻挠，在融入国家发展的过程中，实行更加公平、普惠的社会政策，真正让香港民众在经济发展和繁荣中有更大的获得感、幸福感。

谎言叙事之六："中国正在采取咄咄逼人的对外政策，破坏"基于规则的国际秩序""

这是美国非常喜欢用的一个叙事。但实际上，从某种程度上来说，改革开放之后，中国很好地融入了国际秩序：中国是联合国、世界贸易组织、国际货币基金组织、世界银行等多边组织的积极参与者、贡献者；中国也是美国曾经倡导的自由贸易的坚定拥护者。

恰恰是美国自己，在国内民粹主义的推动下，正在走上反全球化、"美国优先"、单边主义、保护主义的道路。过去几年，美国动辄"退群"，动辄搞单边制裁，动辄搞保护主义，成了国际规则和国际秩序的最大破坏者。今天，面对中国崛起，美国一再提及的"基于规则的国际秩序"，根本不是基于联合国体系、国际法体系等全世界公认规则建立的国际秩序，而是美国及其盟友根据自身利益定义的规则和秩序。这种规则和秩序，本质上就是一种霸权主义的控制手段，是一种"美国优先"的规则和秩序，中国当然没有理由遵守。

谎言叙事之七："中国即将崩溃"

2001年7月，美籍华裔律师章家敦出版了《中国即将崩溃》一书，他在书中提出了一个耸人听闻的观点——"中国四大国有银行的坏账已经高到不能维持的地步"，"中国现行的政治和经济制度最多只能维持5年"。

20多年后，在美国，"中国崩溃论"不仅没有消亡，反而大有愈演愈烈之势。2021年10月15日，美国媒体Quartz（石英网）刊登文章，标题就是《中国经济会崩溃吗？》。10月24日，美国媒体商业内幕网刊登文章，断言"中国经济可能崩溃，并会把美国和全世界拖下水"。10月25日，美国《纽约时报》刊登诺贝尔经济学奖得主保罗·克鲁格曼的文章《中国陷入大麻烦了吗？》。

············

只要仔细看就会发现，美国媒体"唱衰"中国经济的报道数不胜数。在这里，固然有资本主义国家媒体哗众取宠、炮制耸人听闻标题的因素，但"中国崩溃论"屡败屡战、阴魂不散，无疑反映出美国对中国的认知在深层次上出了问题。

美国媒体持续唱衰中国经济，背后有深刻、复杂的意识形态原因。

第一，这是美国和其他西方国家媒体持续对中国发动舆论战的一部分。它们唱衰、看低有关中国的一切事情，努力把中国定义为一个没有前途、充满危机和风险、形象消极的国家。它们试图通过这样的定义，搞垮中国在全世界的国家形象，影响世界各国跟中国的合作。更重要的是，它们希望以此煽动中国民众，让他们变得不自信，形成不安全感。

西方三大通讯社也好，《纽约时报》《华盛顿邮报》《华尔街日报》也好，虽然号称坚持"新闻自由"，但实际上它们都有自己明确的报道倾向和立场。以法新社为例，它有一个公开的秘密——在涉华报道中，它会突出报道所谓的"异议人士"。从表面上看，它们是在弘扬所谓的"民主""人权"法则，但实际上，它们就是在唱衰、抹黑中国。

第二，美国记者、专家在宣扬"中国崩溃论"上屡败屡战、痴心不改，还有一个重要原因在于，他们在潜意识里拥有一种白人至上的种族主义优越感，拥有一种"自由民主战无不胜、无往而不利"的制度优越感，拥有对"非西方世界不可能成功"的顽固、迷信思维。

从根本上来说，他们还是不认同中国的政治制度、发展道路和发展模式。他们在潜意识里坚定地认为：中国不管取得多大的成功，都是一种特例；中国这种选择了跟美国和其他西方国家截然不同制度、道路和模式的国家，早晚要崩溃；世界早晚要回到他们那种"自由民主加市场经济"的老路上去。对中国制度、道路和模式的否认，甚至让他们产生了一种痛苦的认知失调经历——"中国明明选择了一条错误的道路，为什么还发展得越来越好？"这个时候，只有说服自己"中国早晚要崩溃"，他们才会获得认知上的和谐感、心理上的安全感。这种因循守旧、抱残守缺、僵化保守的思想和认识，跟中国晚清时期的状况何其相似。

在事实的对比下，他们这种思维的荒谬性早就在全世界人民面前暴露无遗了，只有他们自己还身在其中，浑然不觉。这是一种极其荒谬、极其可笑而又极其可悲的局面。

谎言叙事之八："在中美竞争中，如果美国输了，世界就会陷入中国极权主义模式"

一些美国人在鼓噪发动"新冷战"的时候，需要一些动员口号，其中一个非常有蛊惑性的口号就是，"在中美竞争中，如果美国输了，世界就会陷入中国极权主义模式"。美国利用本国民众和其他西方国家民众对于极权、控制的恐惧，来煽动反华情绪，动员遏制中国的力量。

实际上，这完全是美国"以小人之心度君子之腹"。向其他国家兜售自己发展模式的不是别的国家，正是美国。美国在成为全球霸主的过程中，从西方宗教中的传教士情结出发，向全世界推广美国的政治制度和意识形态。从全世界范围看，接受美国"药方"的国家，发展得好的属于少数，发展得差的属于多数。今天，从非洲到拉美，接受美国"'自由民主加市场经济'药方"的国家，陷入发展困境的比比皆是。

与美西方的宣传恰恰相反，中国从来没有要将自己的治理模式推广给全世界的意思。从历史上来看，中国从来没有要把自己的农耕文明、儒家文化等强加给别的国家，反倒是以包容的胸怀平等地对待每一个文明。

由此看来，如果中国在中美博弈中获胜，中国将会倡导一个更加包容、更加多样的世界。在这个世界里，每个国家都有权根据自己的历史文化传统和现实国情，选择适合自己的发展道路和发展模式。

谎言叙事之九："美国盟友遍天下，中国孤立无援"

很多美国人认为，通过建立强大、广泛的盟友体系，美国可以战无不胜。实际上，这是一种错觉。美国的盟友多是事实，但每个盟友到底能为美国贡献多大力量，盟友跟美国到底能不能在重大政策上保持一致，一直是个问题。

从历史上看，美国的盟友体系也并没有做到战无不胜。在朝鲜战争中，美国纠集16个国家，跟中朝战斗，最后也只能在停战协定上签字。美国动不动就说德法是自己的盟友，但实际上对美国于2003年发动伊拉克战争，德法就明确表示了反对。

今天，一些美国人要建立广泛的美欧日反中统一战线，并没有取得决定性的效果。在欧洲和日本，总会有一些人愿意跟着美国起舞，但日本跟中国一衣带水的地缘现实、德法从中国发展中获益良多的经贸现实，都让它们在加入美国反中阵营时有所顾忌。在东南亚，新加坡早就明确表示，不会在中美博弈中选边站队。

美国越是嚷嚷自己的盟友遍天下，越是显得有一种实力不足的心虚感。从常识出发，一个国家，真正能自己搞定的事情，何必苦口婆心拉别人帮忙？美国最核心的盟友，只有"盎格鲁－撒克逊种族同盟"国家，也就是"五眼联盟"国家，其中的英国、澳大利亚更是铁杆盟友，几乎没有错过二战后美国发动的任何一场重大战争。未来，中美如果不幸出现冲突，这些国家肯定会站在美国一边，我们需要对此有预判。

但除此之外，美国搞的其他团伙小把戏，更像是用来虚张声势、装点门面的小动作。这些国家在某些方面声援美国、配合美国，是可以的，但要真刀真枪为美国卖命，是很难的。

从过去几年中美在联合国人权理事会等多边场合的斗争中就可以发现，美国真正能动员起来的国家大概是40多个，但中国可以动员起来的国家至少有60多个。

联合国有193个会员国，美国及其盟友从来都是少数。它们之前搞殖民主义、霸权主义，在国际社会上早就不得人心，大家只是畏惧它们的力量，敢怒而不敢言。今后，它们继续搞团伙，跟中国恶斗，只怕是会更加不得人心。

中国不用在乎美国的自我吹嘘，继续踏踏实实在亚洲、非洲、拉美广交朋友就好。在国际社会，一个国家受支持的程度，既受道义因素的影响，也受利益因素的影响。今天的中国，努力冲破美国的遏制和打压，在道义上占据了优势；同时，中国通过"一带一路"倡议等不断做大与其他国家互利共赢的"蛋糕"，在利益上也占据了优势。美国对中国的孤立和包围，只怕到最后反而成为以中国为代表的多边主义、全球化潮流对美国的反包围。

谎言叙事之十："中国对于美国来说，是涉及其生死存亡的威胁"

随着中国不断发展，美国确实感受到了一种"霸权可能旁落"的威胁，而且由于中国的发展成果和制度优势，一些美国人感慨，中国给美国带来的挑战比历史上的苏联与日本之和还要大。一些美国人则预测，到2030年，中国的名义GDP可能超越美国，成为世界第一。

实际上，中国并没有主动去做损害美国国家利益的事情。中国到目前为止，主要还是在努力发展自己。

美国最大的敌人从来都不是中国，而是美国自己。对美国最大的威胁，不是中国，而是美国国内政商权贵勾结的利益集团，以及由资本控制的政客、学者和媒体人士等形成的利益共同体。它们正走在腐败、串谋、勾结的路上，以损害美国广大中下阶层民众的利益为代价，为自己获取更大的财富、权力和影响力。这才是涉及美国生死存亡的最大挑战。

美国的GDP未来如果被中国超越，既有其人口规模远远小于中国的原因，也有其制度存在问题的原因。如果美国可以解决其政治和经济制度异化的问题，实事求是，未来即便美国的GDP低于中国，美国的人均GDP在可预见的将来仍会大大领先中国。相反，如果美国不能解决自己的内部问题，只想着打压、遏制中国，退一万步说，即便中国被打趴下了，美国的问题依然会存在。如果美国任由其内部的贫富分化、两极对立的局面延续，最终会陷入一个更加分裂、更加动荡和充满对立的局面。

美国政府如果真的关心美国人民的权益，它恰恰应该改善与中国的关系，避免冲突。要应对21世纪的很多全球性挑战，从宏观经济政策协调，到全球贸易规则的建立和维护，再到气候变化、新冠疫情等各种非传统安全威胁，美国都需要跟中国携手合作。这才是最能维护美国国家利益的做法。

当然，对于这一点，美国现在是不太可能接受的。一些美国人的逻辑是，"你的发展影响到了我的主导地位，我就要打压你"。而很多中国人的心声是，"我不是你想打压就能打压的，等你碰了钉子、吃了苦头，最后只能回心转意，跟我谈合作"。中国对美国的斗争策略，归根结底就是"以斗争求团结"。中国作为一个真正负责任的大国，非常期待中美关系可以稳定下来，中美可以共同应对全球性挑战。在这个过程中，中国最重要的还是踏踏实实做好自己的事情，以自身发展的高度确定性去应对美国可能给中国带来的各种不确定性。时移势易，美国自有"撞了南墙再回头"的时候。

2. 中国应避免落入西方的八大话语陷阱

在舆论战中，最坏的局面是"失语"——不是真的没有办法说话，而是陷入对方的话语逻辑，失去了定义自己、为自己辩护的能力。

一些西方国家政客和媒体对中国打舆论战，本质就是用他们自己的那一套话语体系和逻辑来定义中国。一旦西方国家发挥它们在舆论上的优势，就很容易形成"众口铄金，积毁销骨"的效果。在国际上，有许多国家的媒体会不加辨别，直接转述西方国家媒体的报道，扩大对中国国际形象的消极影响。

西方国家的这种舆论战，对西方国家民众也有很大的影响力。曾经有一个朋友发给我一个链接，说西方国家民众对中国的好感度急剧下降，问我是真的吗。看得出来，他很担心。

单从民调结果来看，这是真的。美国皮尤研究中心（Pew Research Center，以下简称"皮尤"）2020年10月确实开展过类似的民调，它采访了14个传统意义上的西方国家（含日韩）的民众，对中国持负面看法的民众比例急剧上升，其中位数达到了73%。简单来说，"西方国家民众更不喜欢中国了"。

但我们必须清楚，西方国家的民意并没有那么重要。如果你长期关注西方国家的民意就知道，西方国家的民意受政客言论和媒体报道影响非常大，而且往往会因为某些单一的事件发生非常明显的变化。

2020年，美国和其他西方国家媒体在新冠疫情方面对中国进行了非常负面的报道。同时，西方国家在涉疆、涉港、台湾和涉海等问题上持续攻击中国，这是西方国家对华民意恶化的重要原因。

一个国家真实的情况，只有本国的民众才最有发言权。哈佛大学做过的一项研究显示，2016年，中国人民对中国政府的满意度超过了90%。中国到底好不好，中国人民才是最有发言权的。西方国家颠倒黑白、血口喷人，也不是一天两天了。"听喇喇蛄叫，还不种庄稼了？"

换个角度想一想，如果皮尤来问中国的老百姓，只怕结果是我们对西方国家的好感度会更低。对于中国人民来说，"朋友来了有好酒，豺狼来了有猎枪"。西方国家长期污蔑、攻击中国，它们早已经失去了中国人民的好感。

所谓"西方国家民众不喜欢中国"，只是西方对华舆论战中一个常见的论述，这也是西方国家给中国制造的一个话语陷阱，乍听起来，好像很有道理，但深入分析后就会发现，这其实不值一提。

类似的话语陷阱还有很多，我们一定要能看穿这些话语陷阱背后的事实缺陷和逻辑谬误，坚定自信，保持定力。

话语陷阱一："中国在全世界没有朋友"

所谓"中国在全世界没有朋友"，是一种典型的"西方中心论"。

联合国有193个会员国，其中可以称得上西方国家的，包括最核心的"五眼联盟"国家、除英国外的西欧国家、北欧国家，以及部分中东欧国家，总共不过二三十个而已。单从数量上来说，西方国家从来都是国际社会的少数派。但长期以来，它们在经济、科技、军事、文化等各方面的影响力确实很大，这让它们误以为"西方就是全世界"。西方国家与中国关系恶化，在它们看来，就是"中国与全世界为敌"。

实际上，中国在东南亚、中亚、中东、非洲、中东欧、拉美、南太平洋等地区，国际形象一直不错。甚至有西方国家的调查显示，在很多国家，中国的国际影响力比美国还要大，国际形象比美国还要好。

2020年，美国、英国等少数西方国家，就香港国安法在联合国人权理事会对中国发起攻击。古巴代表50多个国家发声支持，最后，有70多个国家支持中国。就连时任美国国务卿蓬佩奥也不得不承认，这一局面让他感到"惊讶、失望"。

中国是全球货物贸易第一大国，是150多个国家和地区的主要贸易伙伴。虽然不排除有"吃中国饭、砸中国锅"的国家，但绝大多数国家的头脑还是很清醒的，大家都知道维护与中国良好关系的重要性。

话语陷阱二：中国搞"战狼外交"

自从电影《战狼2》大火之后，一些西方媒体就开始频频使用一个词——"战狼外交"。在它们看来，中国外交官在国际舞台上更加活跃，中国外交更加"咄咄逼人"，似乎是不应该的。这完全是企图否定中国正当反抗权利的做法。

长期以来，西方国家在面对其他国家时，早就习惯了"我可以骂你，你不能还口"的绝对优势局面。今天，它们发现，它们骂中国，中国会骂回去，它们就受不了了。这是一种典型的西方式傲慢与偏见，也是一种典型的"双标"。

从"战狼外交"的本义来看，世界上唯一称得上在搞"战狼外交"的是美国。中国没有派间谍飞机去佛罗里达州海岸线收集美国的情报，中国没有派军舰去关岛、夏威夷耀武扬威，中国也没有撺掇反美的国家跟美国干架……相反地，美国四处给中国"使绊子"，对中国横加指责。四处干涉指责他国，美国真把自己当"世界警察"了。

有一个非常明显的事实是，中国目前与美国和其他西方国家发生的冲突和摩擦，从新疆到香港，从台海到南海，没有一次是中国找西方国家的麻烦，都是西方国家找中国的麻烦。中国没有干涉它们的内政，中国也没有在它们家门口惹是生非。反倒是美国等西方国家不断干涉中国内政，不断挑战中国的核心利益。当中国奋起反击，让它们踢到"钢板"后，它们就大喊大叫，"中国你不讲武德"。这实在是可笑。

中国当然要维护自己的主权、安全和发展利益。难道中国只能逆来顺受、忍气吞声、当西方国家眼中的"国际顺民"吗？

话语陷阱三："中国是另一个苏联"

一些美国人想发动"新冷战"，因此，他们努力把中国描述成苏联那样的国家。他们幻想，只要把中国定义为"另一个苏联"，美国就能再次赢得一场冷战。

然而，这终究不过是一场幻想。他们不知道，今天的中国，跟苏联完全不一样。改革开放后的中国，不热衷于搞意识形态论战，不热衷于输出革命，也不热衷于与美国搞全球争霸。中国只热衷于发展自己、不断提高本国人民的生活水平。

中国走的是中国特色社会主义道路，中国式现代化的核心价值取向是以人民为中心。

话语陷阱四："中国共产党和中国人民是可以分开的"

一些美国政客提出"反对中国共产党，但不反对中国人民"的观点，这样的观点完全暴露了他们的虚伪性。

中国人自古就知道，没有国，就没有家。如果美国把中国搞乱了，中国老百姓的日子一定不会好过。更重要的是，中国今天取得的成就，恰恰是在中国共产党的领导下取得的。截至2023年底,中国共产党党员人数达到了惊人的9918.5万,加上党员的直系亲属,至少有三四亿人。可以说,中国共产党和中国人民,在利益上完全一致。

西方国家对中国的污蔑和攻击,只会让14亿多中国人更加同仇敌忾、更加爱国。

话语陷阱五:"西方国家的制度有优越性"

这个问题,涉及东西方制度的优劣比较。在相当长的一段时间内,以美国为首的西方国家,一直在鼓吹其制度的优越性,似乎西方国家的制度,可以给西方国家人民带来安全和繁荣,可以让西方国家的综合国力持续保持领先。

新冠疫情揭开了西方国家制度的遮羞布,让我们有机会看到西方国家制度的本质。所谓的"民主",不过是金钱腐蚀下的寡头政治。所谓的"自由",就是对个人权利的极端主张,完全不考虑集体的利益。党派政治,看起来是为了制衡,实质上是自私自利的党争行为。政治人物的驱动力不是为人民服务,而是为党派利益服务,为利益集团服务。

西方国家的制度优越性神话正在破灭。随着西方国家贫富分化不断加剧,种族矛盾和意识形态矛盾不断扩大,其制度的吸引力将进一步下降。

话语陷阱六:"美国是中国的救世主"

一些美国人认为,20世纪70年代,正是因为美国寻求改善与中国的关系,中国才得以重返国际社会,并获得了前所未有的发展,因此,中国要对美国感恩戴德。

事实上,美国寻求与中国和解,更多的是出于美国国家利益而作出的决定。冷战之中,与其说中国需要美国,不如说在美苏争霸中被苏联狠狠修理的美国更需要中国。

中国改革开放后，大量的美国资金、技术和管理人员进入中国，客观上推动了中国的经济腾飞，但美国也从中获得了巨大的利益。美国人老是说，中国每年对美国顺差有几千亿美元，但美国公司在中国的销售额一年也有几千亿美元。

这个账，怎么算？

很简单，中美利益早已经高度融合，合则两利，斗则俱伤。现在不是中国要跟美国斗，而是美国要跟中国斗。中国经济腾飞的背后的确有中美和解的推动，但当代中国成功的最大秘诀在于，中国政府和中国人民解放思想、实事求是、艰苦奋斗。

有一些中国人，对美国的"帮助"津津乐道，动不动就提美国人用庚子赔款建清华，好像美国是中国的救世主。但这些人为什么不动脑子想一想，庚子赔款是从哪里来的，这些钱本身不就是中国人民的血汗钱吗？

从来都没有什么救世主，美国更不是中国的救世主。

话语陷阱七："中国不重视少数民族权益"

美国人祖上是犯下过滔天罪行的，无论是恩将仇报、屠杀欢迎他们的美洲印第安人，还是贩卖和使用黑奴，这些都是美国人永远无法抹去的历史污点。

二战后，为了攫取中东的石油利益，美国将实力的触角伸向了中东。过去十几年，美国在中东发起的各种战争和干预行动，给阿富汗、伊拉克、叙利亚、利比亚等国家的人民带来了深重的灾难。毫不夸张地说，美国是当今世界上对穆斯林犯下罪行最多的国家。

就是这样一个国家，突然摇身一变，成了所谓"捍卫新疆穆斯林权益"的卫道士，实在是荒谬至极。美国政客和媒体编造涉疆谎言，本质上不过是其长期以来攻击、污蔑中国努力的一部分。新疆的和平、安宁与繁荣，靠的还是中国政府和中国人民的共同努力，不靠美国政客虚伪的表演。

话语陷阱八:"只要顺着美国,就可以获得发展"

中国是数百年来第一个真正有望成为全球大国的非西方国家。中国拥有悠久的历史、大国特有的疆域和人口、国民日渐恢复的自信。中国的发展,一定会让西方国家的一些人如坐针毡。对于中国与西方国家之间的矛盾和冲突,我们一定要头脑清醒、丢掉幻想。

有人问,我们为什么不顺着西方国家,去努力争取它们的认同?

这有用吗?

西方国家对中国有预设的立场,始终戴着有色眼镜看人。如果美国、澳大利亚打着调查病毒起源的旗号,对中国进行调查,它们最后的结论一定是早就预设好的——中国有错,要对中国进行追责。这样的调查有什么公正性?有什么意义?

西方国家不断遏制、打压、围堵和污蔑中国,这导致中国与西方国家之间将长期存在结构性矛盾。幻想通过委曲求全来让西方国家为中国贴上一个"国际顺民"的标签,是很幼稚的。中国要做的就是好好发展自己,手中有粮,心里不慌。更重要的是,手中有"枪",心里更不慌。

面对西方国家肆无忌惮的污蔑、攻击,中国打不还手、骂不还口的日子早已经一去不复返了。中国与西方国家关系的选择权在西方国家手里,西方国家对中国友好,中国肯定愿意对西方国家友好;但西方国家如果继续打压、污蔑中国,中国一定会坚定地捍卫自己的国家利益。

今天,中国与以美国为首的西方国家关系不好,不是因为中国发展了、强大了,恰恰是因为中国还不够强大,西方国家还不服气,美国认为此时还可以教训中国、遏制中国、改造中国。

我相信,只要中国持续发展,终有一天,中国与西方国家的关系会好转,因为我们中国人从来没有想要与西方为敌。

3. 中国应警惕西方的民调陷阱

2021年6月，美国皮尤公布了最新一轮有关中国的民调结果（图1.3.1）。这项民调涵盖了对美国、部分欧洲国家、日本、韩国、新加坡和中国台湾等17个国家和地区民众的调查，得出了两个让中国人很不舒服的结论：第一，绝大多数人认为，中国不尊重本国人民的个人自由；第二，美国国际形象回升，中国国际形象依然呈负面。

这两个结论具有很大的欺骗性。

很多中国人认为，既然皮尤是美国的一家独立性民调机构，非常专业，没有政治倾向，它的结论肯定是严谨的、专业的。但事实果真如此吗？

当然不是。我们先看第一个结论。中国到底尊不尊重人民的个人自由，难道不是中国人民自己最有发言权吗？为什么要让绝大部分跟中国毫不相干的17个国家和地区的人来评判，中国是否尊重自己人民的个人自由？这就好比，皮尤想知道你是否开心，不是直接来问你，而是问你身边那些认识和不认识你的人，然后根据这些人的反馈得出结论——你不开心。如果皮尤在现实中这么做，你肯定很生气。在涉及中国政治制度和人权的重大问题上，皮尤不问中国的老百姓自己是什么感受，而是去问美国人、欧洲

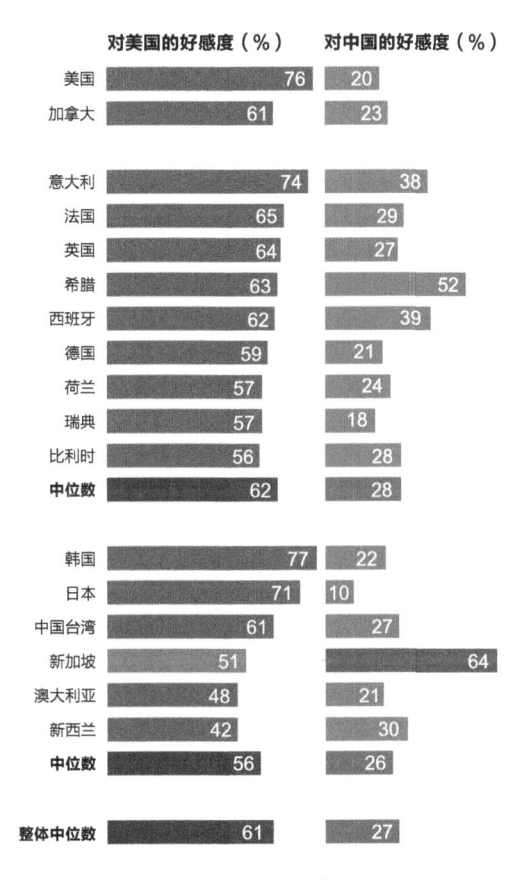

国家/地区	对美国的好感度（%）	对中国的好感度（%）
美国	76	20
加拿大	61	23
意大利	74	38
法国	65	29
英国	64	27
希腊	63	52
西班牙	62	39
德国	59	21
荷兰	57	24
瑞典	57	18
比利时	56	28
中位数	62	28
韩国	77	22
日本	71	10
中国台湾	61	27
新加坡	51	64
澳大利亚	48	21
新西兰	42	30
中位数	56	26
整体中位数	61	27

图1.3.1 皮尤关于中国的民调（2021年6月）

资料来源：皮尤。

人、日本人、韩国人，"你们认为中国老百姓应该有什么感受"。这非常荒唐！

在皮尤这个结论的背后，是西方世界一直以来持续污蔑、诋毁中国政治制度、发展道路和发展模式的事实。

我们一直说，鞋子合不合适，只有脚知道。但皮尤这样的西方民调机构，还有西方的媒体、政客、所谓的"专家学者"，几十年来反反复复地想告诉中国人："你们的脚不知道你们的鞋合不合适，只有我们才能告诉你们，你们的鞋合不合适。"

我们再来看皮尤的第二个结论，美国国际形象回升，中国国际形象依然呈负面。

我们首先要问一下皮尤，什么是国际社会？

联合国有193个会员国、2个观察员国，作为一个民调机构，皮尤仅仅在17个国家和地区做了一个调查，就敢宣称中国国际形象依然呈负面，是谁给它这么大的勇气？

我们必须来看看，这17个国家和地区到底都有哪些——美国、加拿大、意大利、法国、英国、希腊、西班牙、德国、荷兰、瑞典、比利时、韩国、日本、中国台湾、新加坡、澳大利亚、新西兰。

这17个国家和地区中的大部分，要么是"五眼联盟"国家，要么是核心的欧盟国家，要么是美国的盟友，根本不具代表性。论人口，这17个国家和地区的全部加起来，还没有中国的多。

我看到这个民调，真的有些生气，于是在朋友圈发问："皮尤，你敢不敢去采访印度尼西亚的民众？这可是东南亚第一大国，人口将近3亿，比英法德加起来还多，比日韩加起来还多。"印度尼西亚民众的声音就不值得重视了吗？

还有尼日利亚，非洲第一人口大国，人口超过2亿。皮尤敢去采访尼日利亚的民众吗？肯定不敢。还有埃及，人口1亿多。还有伊朗，人口近9000万。皮尤为什么不去采访？

如果皮尤敢在上述国家进行民调，只会有一个结果，那就是中国的国际形象会大大好于美国，这才是皮尤不敢去做这样的民调的真正原因。

美国哈佛大学肯尼迪政府学院阿什民主治理与创新中心，曾经在2003年至2016年长期关注中国民众对政府的满意度。这是迄今为止，全世界对中国民意进行得最持久、最全面、最科学的调查。其结论非常简单，从2003年到2016年，中国民众对政府的满意度从来没有低于80%；2016年，中国民众对政府的满意度高达93.1%。

皮尤选取的17个国家和地区中，哪一个国家或地区的政府可以获得如此高的满意度？

所以，我才说，要警惕皮尤这样的民调机构制造的民调陷阱。这些民调机构披着专业、独立的外衣，却往往包藏着明显的意识形态祸心，其根本目的还是迎合以美国为首的西方世界对中国政治制度、发展道路和发展模式的污蔑和攻击。

在西方国家，除了民调机构，还有各种媒体、研究机构，它们同样披着专业、独立、学术的外衣，在报告结论中明显地抬高美国等西方国家，打压中国。

我在其他文章中曾提到，英国《经济学人》杂志曾经参与发布过一个评估报告《2019年全球卫生安全指数》。在这个报告里，发布者对每个国家应对传染病流行的准备程度进行评比，最后的结论是，美国是全世界应对传染病流行准备最充分的国家，而中国排名第51位。2020年新冠疫情袭来，美国原形毕露，这个所谓的《2019年全球卫生安全指数》也成了一个天大的笑话。

另外，彭博社也曾经煞有介事地搞出了一个研究报告，宣称在当时的疫情中，美国是全世界最佳的安身之所，中国排第八位。美国疫情应对如此混乱，一轮又一轮的疫情高峰接连不断，因新冠死亡的人数高居全世界第一位。就是这样一个国家，彭博社竟然说，疫情期间美国是全世界最佳的安身之所？它怎么会得出如此厚颜无耻的结论？

面对西方制造的民调陷阱、研究报告陷阱，中国需要做到：第一，坚持自信，不要被这些假民调、假研究报告忽悠；第二，对于这类假民调、假研究报告不用忌讳，直接告诉中国老百姓真相；第三，鼓励类似于上述哈佛大学肯尼迪政府学院阿什民主治理与创新中心的民调，这才是真正反映中国民心民意的民调；第四，建立自己的民调机构和智库，多发表自己的民调结果和研究报告。

皮尤这样的机构发布的所谓的"民调",依然是舆论战的一部分。

以前,我们的智库、民调机构很弱,今后需要尽快发展起来。这也是讲好中国故事、维护中国国际形象的重要一环。

4. 中美博弈，中国需要更精准地定义美国

在中美博弈中，中国一直面临一个隐隐的痛点：美国一直在用自己的方式定义中国。对中国式现代化，美国无视中国以人民为中心的发展理念，从西方政治传统、概念出发，将中国定义为"极权主义国家"；对中国共产党，美国无视其在中国民众中享有的广泛支持，以及中国共产党历来强调的"实事求是、与时俱进"思想，将其定义为一个"独裁""专制""僵化"的组织；对中国新时期的外交政策，美国无视中国坚持走和平发展道路的事实，将中国维护自身主权、安全和发展利益的正当行为称为"咄咄逼人"；对中国在香港地区拨乱反正，美国将其描述成"对香港民主的镇压"。这样的例子还有很多。

这种局面，一开始可能会让我们中的很多人感到非常不理解，因为我们觉得，美国误解了中国；到后来，我们都知道了，美国这么做其实是在故意污蔑、抹黑、攻击中国，这个时候我们又感到很气愤。这么多年来，不管中国做了什么，到了美国嘴里，就没有什么好事。在这背后，实际上是美国在中美博弈中采取的一个策略——用自己的方式定义对手、攻击对手，让对手有口难辩。

定义对手以打败对手，从来都是美国选举政治中最常见的手段，甚至是最有效的手段。这在本质上是一种"信息沟通策略"。在美国选举政治中，一旦一方被另一方成功恶意定义，政治人设一旦确立，就有口难辩，事倍功半。

2016年，特朗普在美国总统选举中获胜。这在很大程度上得益于特朗普成功地将自己包装成一个反建制派的"政治素人"，要去华盛顿"清除积弊"（drain the swamp）。同时，特朗普成功利用美国民众反建制派、反精英的思潮，将希拉里·克林顿定义为"邪恶的希拉里"（crooked Hillary）。

在2020年的选举中，特朗普最大的难题就在于如何用一种极其消极的方式定义拜登，他曾先后用了各种绰号，包括"瞌睡虫乔"（sleepy Joe）等，但都没有对拜登构成颠覆性伤害。

美国在选举政治中玩的这一套，自然也会用在大国博弈上。当年，美国成功地将苏联定义为一个"邪恶的红色帝国"，在冷战中彻底搞臭了苏联的名声。今天，当美国将全部注意力转移到中国身上的时候，我们就不得不承受美国这种强大的定义能力所带来的"伤害"。

中国人一般认为，真的假不了，假的也真不了，这是一种朴素的、正直的思想。但实际上，在今天信息爆炸的时代，舆论的影响力不断上升。不管是个人、企业，还是国家，一旦被舆论定义，要改变这个定义，就会非常困难。到那个时候，真相是什么，大家已经不感兴趣，每个人只相信自己的认知和结论。

此外，美国一直有一种强大的制造概念的能力。我们可以看到，这么多年来，西方人，特别是美国人制造了多少概念。从"软实力"到"巧实力"，从"中等收入陷阱"到"修昔底德陷阱"，各种概念令人眼花缭乱。虽然本质上说的事情往往还是老一套，但新鲜的概念总是能抓住人们的注意力，在舆论中形成更大的影响力。

在中国的传统思维里，我们强调"得道多助，失道寡助"，我们强调"得民心者得天下"，我们强调"实事求是"。整体来说，中国强调走正道。堂堂大国，不走歪门邪道。但从某种程度来说，我们在如何打舆论战方面，在如何精准地定义对手方面，在如何制造流行的概念方面，确实比美国落后。今天的中国，面对美国的各种定义（实质上是污蔑、抹黑、攻击），不仅要努力为自己辩解，还要尝试用美国通行的概念去更加精准地定义美国，在舆论战、信息战中主动出击。

以下是我总结的中国可以用来定义美国的一些概念，供大家参考。

（1）"富豪政治"（plutocracy）。这个词是马凯硕论述美国政治制度时提到的。长期以来，美国给自己的定义是"自由民主"和"市场经济"。但实际上，现在美国的政治制度与美国国父们设想的那种"民有、民享、民治"的制度根本毫无关系。今天，美国普通民众对一项政策的支持率高低，跟这项政策最后能否成为法律已经完全没有相关性。今天的美国政治制度，就是典型的富豪政治，就是为大资本家、大企业家服务的政治制度。同时，今天的美国的政治中还伴有民粹主义的兴起，美国根本不是什么"民主榜样"。美国在全球张罗所谓的"民主峰会"，也不过是一种虚张声势的举措。时值新冠疫情肆虐，美国人付出了巨大的生命代价。在这种背景下，拜登政府去倡导召开所谓的"民主峰会"，实在是一种莫大的讽刺。如果"民主"连民众的基本生命和健康都无法保护，这样的"民主"又有什么用呢？

（2）"不负责任的个人主义"（irresponsible individualism）。在新冠疫情中，一些美国人拒绝戴口罩、拒绝接种疫苗，在"捍卫个人自由"的口号下，反对科学，不遵守基本的防疫措施，这是一种极其自私的行为，也是美国疫情失控的重要原因。

（3）"非市场政策"（non-market policies）。美国违背世界贸易组织规则，对中国单方面发动贸易战，这是一种典型的不遵守市场规则的行为。

同时，美国泛化国家安全概念，对中国优秀的高科技企业搞断供、搞封锁，这也是一种明显的非市场化行为。

（4）"保护主义"（protectionism）。面对来自中国的市场竞争，美国对中国投资、贸易采取多种保护主义政策，这跟美国宣扬的自由贸易主张背道而驰。

（5）"恶性竞争"（malicious competition）。中国欢迎来自美国的竞争，但美国应遵循市场交易原则和基本的道义原则，把竞争的焦点放到提升自身的核心竞争力上，而不应该放到"使坏""下黑手""使绊子"这些招数上，不应把心思放在如何破坏中国的发展上，不应该把重点放到打压中国高科技企业上。

（6）"不负责任的挑衅行为"（irresponsible provocation）。在中美博弈中，美国一直采取攻势，挑战和破坏中国的主权、安全和发展利益。无论是纵容和支持"台独"分裂势力，还是鼓动立陶宛打"台湾牌"，美国采取的各种不负责任的挑衅行为，既破坏了中美关系，也破坏了地区和国际和平。相反，在中美博弈中，中国并没有主动去挑战美国的核心利益。

（7）"国际关系中的派系冲突"（factionalism in international relations）。美国通过北约、"四方安全对话"机制、美英澳等各种小团伙，试图包围、打压、遏制中国，在国际关系中制造派系矛盾、挑起派系冲突，危害地区和国际和平、稳定。

（8）"不可靠的伙伴"（unreliable partner）。特朗普上台后，动不动就玩"退群"，撕毁美国加入的国际协议，让美国成为一个不可靠的合作伙伴。在中美关系中，拜登政府也有"说一套、做一套"的趋势，如掏空一个中国政策的内涵等，这让美国在中国眼中成了一个"两面派"、一个"不可靠的伙伴"。

（9）"存心不良"（in bad faith）。为了维护自身霸权，美国在跟中国打交道的过程中明显存心不良，对中国采取了各种恶意竞争的动作。一些美国人甚至宣称，要遏制中国的发展。

（10）"鲁莽的超级大国"（reckless superpower）。进入21世纪，美国越发表现为一个"鲁莽的超级大国"。美国在中东地区采取的一系列军事和外交政策，造成阿富汗、伊拉克、利比亚、叙利亚政局动荡，难民潮涌现，给国际和地区稳定带来很大的破坏。在当前跟中国的博弈中，美国依然缺乏理性、缺乏自我克制，在台湾问题等涉及中国国家利益红线的问题上反复挑衅，让中美关系和地区稳定面临颠覆性风险。美国应放弃鲁莽的挑衅政策，扮演一个真正负责任的超级大国的角色。

以上10个概念，都是美国人可以理解的概念。在中美博弈中，我们要多用美国人可以理解的概念来更精准地定义美国的言行，以此作为舆论战、信息战的一部分，争取舆论的主导权。

5. 舆论战，美国最怕中国的是什么？

从特朗普到拜登，美国白宫换了主人，但美国对华政策却没有发生太大改变。美国依然认定，中国是美国最大的"战略竞争对手"。特朗普对中国发起的各种野蛮打压政策，拜登基本没有调整：贸易战仍在持续；科技战仍在持续；舆论战仍在持续；外交战仍在持续。

此时此刻，中国在坚定捍卫国家主权、安全和发展利益的同时，仍表现出了一个大国才有的战略定力，并没有意气用事，反而继续稳步推进国内的改革开放。在应对气候变化等全球性问题上，中国保留了中美磋商、协调和对话的空间。

总体而言，中美博弈将是一个长期的过程，我们要对其复杂性有充分的认识。

在这里，我想重点跟大家分享一下有关舆论战的内容。舆论战的本质，就是争夺定义自己、定义别人的权力。

美国人深谙此道。在历届美国总统选举中，选举战打到后来，并非只是简单的政策之争、立场之争，而是定义权之争、叙事权之争。2016年，特朗普成功将自己定义为美国草根阶层的代言人，并把希拉里定义为美国腐败、邪恶的政治精英的一部分，这是其最终获胜的重要因素之一。

现代社会，一个人能直接接触的人是非常有限的，外界对一个人的认知，主要是来自别人对他（她）的定义、阐释。所以，在这个时候，一个人、一个国家，其本来面貌到底如何，往往没有人关注，关键是掌握话语权、定义权、叙事权的人和媒体，如何描述这个人，如何描述这个国家。

在现代传播理论中，我总结了一句话，叫作"感知即事实"（perception is reality）。外界对一个人、一个国家的感知，会成为更有影响力的"事实"，而这个人、这个国家的真实面貌到底如何，反而没有那么重要了。

应该说，自新中国成立以来，中国在这方面就一直是比较吃亏的。由于以美国为首的西方国家掌控着强大的舆论宣传机器，它们拥有了将"黑的说成白的""把稻草说成金条"的能力。这也是我们一直以来无法解决被骂问题的重要原因。在相当长一段时间内，我们失去了定义自己、定义他人的权力。相反，美国和其他西方国家的政府官员、国会议员、专家学者、媒体记者等，往往明里暗里相互勾连，通过设置议题，既在不断地按照自己的喜好，定义西方的政治制度、价值观和意识形态，也在不断地按照自己的喜好，定义中国的政治制度、价值观和意识形态。刚开始，我们觉得他们是不了解我们，因此存在误读、误解，到后来，其实我们都很清楚，他们就是揣着明白装糊涂，就是要颠倒黑白、睁着眼睛说瞎话。这就是他们非常擅长的舆论战。更为重要的是，舆论战并不只是骂骂人而已，它争夺的是人心，是民意。美国将自己描绘成"山巅之城""自由民主的灯塔"，欺骗了全世界一代又一代的人。同时，美国将中国描述成一个"专制独裁"的国家，也欺骗了全世界一代又一代的人。

2008年国际金融危机让美国的叙事出现了一道裂缝。一个自称"自由、民主"的国家，却眼睁睁地看着贪婪的华尔街制造了一场席卷全球的金融危机，让美国和世界其他地区的民众深受其害。2020年的新冠疫情，更是让美国叙事出现崩塌。一个号称"自由、民主"的国家，却让各种反科学、反智的言论大行其道，最终酿成疫情失控的苦果，几十万民众死于非命。在残酷和血淋淋的现实面前，美国再强大的舆论宣传机器也会显得无能为力。

面对美国对中国的歪曲定义（本质上是污蔑、抹黑、攻击），中国采取了很多措施进行反击，但这场舆论战依然打得非常辛苦：中国官方媒体"出海"，在美国遭遇的限制越来越多，并且一旦被贴上官方媒体的标签，其接受度在美国受众中往往会大打折扣；中国外交部和其他部委的新闻发言人，每天奋战在舆论斗争的第一线，但由于美国媒体选择性的报道和解构，中国政府的声音并不能原原本本地触达西方受众。

美国媒体用自己的叙事，创造了一个关于中国的虚假现实，对美国民众乃至全世界民众进行了长期的洗脑。要打破美国媒体的屏障，抵消洗脑的效果，最好的办法就是将中国真实的一面展现给美国人看。

我自己在推特上，多次跟西方民众辩论。每当我进行反击时，他们最常说的一句话就是："中国没有自由，你肯定是受中国政府胁迫来说这些话的。"对于常年被西方媒体洗脑的西方民众来说，他们根本想象不到中国人真实的生活状态。而非常有意思的是，一旦他们有机会看到中国真实的一面时，他们会觉得非常震撼，而且会产生一种被西方媒体长期欺骗的愤怒感。

中国的新一代视频应用，包括抖音、快手和B站（哔哩哔哩）等，都大量记录了中国人的真实生活。在YouTube（油管）上，有一些账户专门发布一些抖音上最流行的视频。当中国年轻人丰富多彩、充满创造性的一面真实地展现在西方受众面前时，其效果极其惊人。

我在YouTube上关注了一个叫"numuves"的账号，持有人是一个生活在中国的西方人。他会定期把抖音上的流行视频剪辑成合集，发到YouTube上，其中有一个系列叫作"抖音，火遍中国，但在西方却无人看见"，每一期都有20万左右的点击量。

这里面的内容，在我们中国人看来，已经见怪不怪了，但很多西方人显然是第一次看到真实的中国，非常喜欢。典型内容包括：中国的各种高科技玩意儿，比如可以打保龄球、乒乓球、羽毛球的机器人，可以投影的手机，可以用手势灵活操作的玩具车等；各种流行的舞蹈，从搞笑风到嘻哈风再到摇滚风，甚至还有维吾尔族和藏族青年男女合跳的舞蹈；中国各地的奇美风光，包括"世界第一高桥"北盘江大桥、号称"世界最窄城市"的云南昭通盐津县城等。

当真实的中国展现在西方人眼前的时候，他们的反应也非常有意思。我在这里选取其中一些点赞量非常高的评论，让大家看看，一个真实的中国对西方人的影响：

> 我一直都说，如果每一个西方人都看两个小时抖音，战争将不可能发生。（来自网民"puppetMattster"）
>
> 但是BBC说中国是一个令人恐惧的地方，那里的人们都不能享受生活。我想问，到底发生了什么？（来自网民"Chika Chika"）
>
> 过去，我以为，中国不能享受互联网服务，因为谷歌、脸书（FaceBook）和YouTube都被禁止了。然后，我访问了中国，我发现，我们这些中国以外的人，一直被西方媒体的叙事欺骗，它们告诉我们，在中国，人们生活的每一方面都被政府控制，人们无法享受生活。（来自网民"m1a1 aa7"）
>
> 脸书与抖音/TikTok（抖音国际版）的区别是，前者传播仇恨，后者传播快乐。（来自网民"asia sushi"）
>
> 我发现，抖音上有更多富有创意、更好玩儿的内容。TikTok上关于小孩的内容多一些，而抖音上有更多年轻人展示他们创造力的内容。（来自网民"q q"）

西方认为自己垄断了言论自由，不接受社会主义国家也会允许其人民自由表达，（看了这些视频，）你就知道是谁错了。（来自网民"Koxinga"）

维吾尔族和藏族青年合跳的舞蹈真是美得无与伦比。（来自网民"Daze of War"）

抖音相比照片墙（Instagram），有太多太多令人惊叹的内容。非常可惜的是，在西方，我们看不到这些内容。（来自网民"Jeff L"）

我在YouTube上看到的相关言论，只是九牛一毛。这些内容在西方舆论场中传播，并引发了非常良好的反响。这告诉了我们一个真相：西方媒体一直在用虚假叙事给西方受众洗脑，一旦有关中国真实的一面展现在西方受众面前，西方受众是非常喜欢的，而且这会引发他们对西方媒体洗脑操作的反思。

这也许是未来中国打赢舆论战的一个突破方向——直接越过西方媒体，不加过滤地把中国真实的一面展现在世界面前。这足以打破美国和其他西方国家对于中国的定义和阐释。

在这里，我想说一下TikTok。

我从2014年起就在中国互联网企业工作。实事求是地说，TikTok是中国互联网发展20多年来，在国际化方面最成功的一款产品，它成功打入了很多西方国家视频应用的主流，特别是受到了美国年轻人的喜爱。美国著名的脱口秀主持人斯蒂芬·科尔伯特、美国众议院前议长博纳等人，都曾经在不同场合谈到TikTok，并注意到这款应用在美国年轻人中的影响力。

现在回头看，在特朗普第一次执政后期，中美关于TikTok的斗争，具有非常重要的战略意义。中国确保TikTok的生存，在舆论战中也具有关键意义：当越来越多的中国年轻人开始平视美国的时候，越来越多的美国年轻人则开始转变对中国的态度，从类似于他们父辈的那种对中国俯视的态度转变为对中国平视，甚至是仰视的态度；当越来越多的美国年轻人开始使用TikTok，就会有越来越多的美国年轻人认为中国是一个非常有创新精神的国家。TikTok上面有很多中国海外留学生和外国在华人群制作、转发的关于中国真实面貌的视频，哪怕只是转发一点点抖音上的内容，都会给美国年轻人带来极大的震撼。他们会发现一个真实的中国，一个与他们国家媒体定义、阐释的完全不一样的中国，一个充满活力的中国，一个充满创造精神的中国，一个拥有跟他们一样生活甚至比他们生活得更精彩的中国。

回到标题提出的问题，舆论战，美国最怕中国的是什么？

我认为，美国最怕的有两样东西：第一，中国民众终于认清了美国虚伪、"双标"的面孔，真正建立起对自己国家和民族的自信；第二，美国民众在YouTube、脸书、推特上看到真实的中国（搬运自抖音、快手、B站），通过TikTok感受到真实的中国。

简而言之，真相是美国最害怕的东西。美国害怕中国的年轻人觉醒，也害怕美国的年轻人觉醒。但令美国害怕且感到无能为力的是，这两种觉醒都在真实地发生。

第二章
误读中国：美国为何痴迷「中国崩溃论」？

1. 中美博弈，有八个"没有想到"

从2018年3月美国特朗普政府单方面对中国发起贸易战至今，已经过去了好几年的时间。

国内有一些人，疑似患上了"斯德哥尔摩综合征"，在美国对中国不断进行打压的情况下，他们看不到美国的蛮横、无理和霸道，反而不断地自我反思，"枪口对内找原因"，这是一种严重的幼稚病。

几年来，美国对中国的无理打压，给全体中国人上了一堂又一堂生动的"大型现实主义国情教育课"。通过持续不断的"教育"，绝大多数国人看清了美国的真面目，也对"四个自信"有了更深刻的体会和认同。

若干年后，当我们回顾这段历史，一定可以自豪地说，中国在踏踏实实做好自己事情的基础上，扛住了美国的打压，克服了各种挑战，将中华民族伟大复兴的事业继续稳步向前推进。

总结起来，对于美国来说，中美博弈，有八个"没有想到"。

第一个"没有想到":中国经济仍在稳步追赶美国,中美差距进一步缩小

根据2021年上半年全球主要经济体的GDP数据,由于中国经济稳步复苏,加上人民币升值因素影响,2021年上半年中国GDP约合8.3万亿美元,同比增长了12.7%。

美国在先后推出几万亿美元的经济刺激计划后,2021年上半年GDP约为11.1万亿美元,中国GDP大致相当于美国GDP的75%,中美之间的GDP差距进一步缩小。

第二个"没有想到":美国的贸易战不仅没有打垮中国,反而让美国自己骑虎难下

几年来,美国对中国输美产品加征额外关税,但由于中国制造在成本、品质、规模和效率方面具有全方位的综合优势,同时,疫情之下,中国经济恢复较快,中国的进出口依然取得了骄人的成绩。

2021年上半年,中国进出口规模达到了约18.07万亿元人民币,创下了历史同期最好水平,与2019年同期相比增长了22.8%,月度进出口已连续13个月实现同比正增长,外贸稳增长态势进一步巩固。

贸易战不但没有减少美国的贸易逆差,更没有打垮中国经济。相反,由于美国在疫情之下实施了大规模的经济刺激计划等措施,美国的通胀率大幅攀升。美国对中国输美产品加征的关税,反而成了美国自己的问题。

第三个"没有想到":伴随美国制度神话破灭,中国"公知"颜面扫地

长期以来,中国社会都存在一部分人,张口闭口大谈"外国的月亮比中国圆",动辄以西方几百年发展的成果,对比国内的各种问题,有意无意

配合西方国家否定中国的发展道路和发展模式，希望中国最终全盘西化。

疫情就像一面照妖镜，美国这个国家，终于显现出某种"金玉其外，败絮其中"的成色。特朗普背后美国式民粹主义的崛起，也打破了中国国内"公知"对美国政治制度和价值观的浪漫想象。这两件事类似于美军在阿富汗的大溃败，进一步冲击了中国"公知"对美国的认知，也让这些"公知"在国内越发缺乏市场。

第四个"没有想到"：在中美较量的前几个回合中，中国不受干扰，美国越来越力不从心

过去几十年，美国是唯一保持自身政治经济地位的大国。二战中，德国、日本战败。冷战结束后，苏联解体。20世纪90年代，如日中天的日本则进入了"失去的三十年"。

毫无疑问，面对中国蓬勃的发展势头，美国希望历史重演。但无奈中国既不是苏联，也不是日本，而美国也不再是那个处于巅峰时期的美国。这几年，中国扛住了美国的贸易战，也经受住了美国在台湾、涉海、涉疆、涉港等各种问题上对中国的抹黑、攻击。几个回合下来，美国的各种阴招、损招，并没有使中国持续发展的步伐停滞，也没有给美国带来明显的好处。

归根结底，中美博弈，还是两种治理体系和治理能力的较量。今天的美国，利益集团绑架国家决策，精英阶层堕落、自肥，国内阶级矛盾、种族矛盾、意识形态矛盾尖锐。在这种情况下，一些美国人还幻想折腾中国、搞垮中国，只能说是痴人说梦。

第五个"没有想到"：中美开展21世纪的合纵与连横斗争，美国未能如愿建立起"美欧日反华统一战线"

拜登上台后，希望改变特朗普的"七伤拳"，开始有计划、有步骤地拉拢盟友，对付中国，虽然取得了一些进展，但最终不会获得成功。

拜登的这种策略，有两个内在的矛盾。第一，中国自改革开放以来，已经与包括美国、欧洲、日本在内的世界各国和地区建立起了广泛的经贸联系。截至2024年10月，中国已经成为全世界150多个国家和地区的主要贸易伙伴。第二，由于国内矛盾，美国倾向于采取保护主义、单边主义措施，而中国则继续高举自由贸易、多边主义的大旗。两相对比，中国明显能给世界其他国家带来更多的发展机会和现实利益。

在这种情况下，美国要推动中美"脱钩"，发动"新冷战"，可谓逆潮流而动，事倍功半。

第六个"没有想到"：美国在阿富汗的溃败，严重打击了美国的国际信誉和影响力，极大地刺激了美国的盟友

拜登延续特朗普的政策，希望早日从阿富汗撤军，集中精力对付中国。但他没有想到，塔利班高歌猛进，迅速夺取阿富汗全国权力。美国在喀布尔机场的大溃败，通过电视、报纸和网络传遍全世界，让美国信誉扫地。

美国在阿富汗的溃败，至少暴露出美国存在的三个问题。第一，情报严重失准。就在一两个月前，美国还对自己用美元和美式装备武装起来的阿富汗政府军抱有一定信心，但短短几周内，阿富汗政府军一触即溃，兵败如山倒，与美国情报机构的评估结果完全不同。第二，阿富汗"变天"再次说明，美国的军事干预模式是失败的，是不可持续的。第三，美国在整个撤退行动中协调混乱、动作拖沓，根本看不出一个超级大国应有的组织、动员和协调能力，外界只看到拒不认错的拜登，慌乱、无能的美国官僚集团。

美国在阿富汗仓皇撤退，引起了美国盟友的不满，很多国家对美国所谓的"安全保证"起了怀疑之心。美国媒体哀叹，阿富汗的事例会进一步损害美国的信誉，让盟友们认定美国是"靠不住"的。

美国外强中干的本色，正在显露出来。

第七个"没有想到":美国对中国的打压,让更多中国人看清了美国的本来面目,大大增强了中国人民的爱国心

在中国社会,长期以来,一直存在一批"亲美派",他们对美国充满了不切实际的幻想,一直希望中国可以学美国,成为美国的盟友。

中国当然希望搞好跟美国的关系,但从现实来看,作为两个大国,中美之间的矛盾是结构性的。只要中国的发展可能威胁到美国的全球霸权,不管中国采取什么样的政治制度和发展模式,美国都会对中国进行打压、遏制。

以中国的体量,除非彻底放弃独立自主的发展道路,自我阉割,让美国驻军,让美国全面控制中国,美国才有可能对中国放心。而且,像中国这样的大国,即便向美国投降,美国也可能心存忌惮。更何况,14亿多中国人,凭什么要放弃自己的独立,向美国人投降?

第八个"没有想到":美国对中国的打压,正在成为中国谋求高水平独立自主发展的强大动力

美国的打压,也让中国社会保持了一定的危机感。美国时刻可能对中国实施封锁,这让中国下定决心解决"卡脖子"的问题。就像当年美国的讹诈让中国发展出了"两弹一星"一样,今天,美国的封锁和打压,将会加速中国建设自己的芯片产业和其他高科技产业的步伐。

除此之外,中国也正在探索新的发展模式,着力解决贫富分化等内部矛盾,倡导共同富裕,这些都是涉及中国长治久安的根本性问题。

中美博弈,最终看的还是各自的发展潜力和发展水平,美国不可能靠着"使绊子""使阴招"搞垮中国。这几年的中美博弈,让中国上下看清了美国的真面目,也看清了中国的制度优势和发展潜力。接下来,预计中美博弈将进入一个5—10年的相持期。在这段时间,中国除了发展经济,解决内部矛盾，也应该整顿军备。足够强大的军事实力，可能将成为今后中美关系新的压舱石。

中国一直希望搞好跟美国的关系，但中国不能把希望寄托在美国自己幡然醒悟上，即便是美国不理性，中国也要有足够的实力在中美博弈中拖得起、扛得住，最后能起得来，这才是最重要的事情。

2. 中共成立已逾百年，美国为什么一直在误读中国？

复旦大学中国研究院院长张维为教授分享过一个故事。2012年，中共十八大召开前夕，英国BBC记者来采访他，非常傲慢地问了一个很有挑衅性的问题："你认为中共还有十九大吗？"

回过头来看，BBC记者的挑衅毫无道理，但这在当时，确实是一些西方媒体人、政客、专家、学者对中国持有的一种看法。西方当时关于中国的主流叙事是，"中国道路和中国模式是不可持续的。不管取得多大的成就，在未来某个时候，中国要么全盘西化，要么崩溃"。

拜登等人努力打造的一个叙事是，中国和美国在进行体系性竞争。如果中国获胜，要么世界会失去秩序、陷入混乱，最终把美国拖入其中，要么会产生一个由中国主导的世界秩序，其本质上是"非自由"的。

很多美国人对中国产生误解、误判，最根本的原因还是在于，他们被自己的话语体系和思维方式困住了。当他们谈论中国时，话语方式依然局限在"极权""不自由""不民主"等带有严重意识形态色彩的错误概念中，他们看不懂中国道路和中国模式的本质，更看不到其中蓬勃的生命力。

很多美国人误解中国的背后，是其对美国式"自由民主制度"的盲目自信。长期以来，美国社会精英的思维就是，美国拥有全世界最好的政治制度。

应该说，相对于封建君主制度，美国式"自由民主制度"是一个巨大的历史进步。美国也在这个制度下，建立起了人类有史以来最强大的"帝国"，其军事、经济、科技、文化等实力都达到了历史的巅峰。但其制度的缺陷一直存在，只是外界很容易被其光鲜亮丽的外表、鼓舞人心的言语迷惑罢了。

美国式"自由民主制度"的缺陷在于，这种"自由民主"是虚伪的，实际上并不能保证所有人的自由与民主。

1776年7月4日，美国《独立宣言》宣称："我们认为这些真理是不言而喻的——人人生而平等，造物者赋予他们若干不可剥夺的权利，其中包括生命权、自由权和追求幸福的权利。"这段话可谓激励了美国乃至全世界一代又一代的人。

但是，一个明显的事实是，美国通过《独立宣言》时，奴隶制在美国依然合法。很显然，美国的国父们并不认为黑人具有他们口中所说的不可剥夺的权利。美国妇女争取平等政治权利的过程同样充满坎坷，直到1920年，美国妇女才获得投票权。美国黑人到1965年才真正获得投票权。

关于美国式"自由民主制度"的缺陷，我再举两个例子。

第一，美国看似实施一人一票的民主政治，但实际上，美国的政治进程一直被利益集团绑架。为此，美国人专门发明了一个词gerrymandering。这个词都没有合适的中文翻译。它的意思大致是，通过特定的选区划分，取得政治优势。比如，在一个地方有100个选民，有两个选区，其中，支持民主党的选民有60人，支持共和党的选民有40人。理论上，按正常选区划分，两个选区，每个选区都有30个民主党支持者、20个共和党支持者，民主党在两个选区都占多数，都能获胜。但如果共和党控制了州议会，它就可以操纵选区划分，使得其中一个选区有40个民主党支持者、10个共和党支持者，另外一个选区有20个民主党支持者、30个共和党支持者。共和党本来在两个选区都会失败，但这样一来，它就可以赢下一个选区。这种"技术性"操作，在美国选举政治中屡见不鲜。

第二，自2018年起，美国历年的军费均在7000亿美元以上，均排名世界第一。2024年，其军费总额甚至超过了世界上军费排名第二到第十的国家的总和。美国军火商往往会把自己的工厂分散建立在全国各个重要选区上，这样一来，国会议员为了当选和讨好当地选民，往往会在军费开支中加进各种项目。比如，有时候美国国防部只要7000亿美元，但美国国会最终会给到7500亿美元，这些美国国防部本来不要的项目，主要就是用来讨好国会议员所在选区的选民的。

美国的制度缺陷，最终一定会体现在美国政府的治理能力和治理水平上。过去很长一段时间里，由于美国一直是世界上最发达的国家，很少有人会去思考美国的制度是否出了问题。但在过去的20多年里，美国的制度问题日益明显，美国的精英们却并没有太大的改革动力，这是美国民粹主义兴起的重要原因。自2016年以来，特朗普主义大行其道，原因正是在于，美国中下层民众认为美国精英极其腐败，根本不管他们的死活，所以他们才要革命，要掀桌子。

2008年国际金融危机是一个分水岭。自此以后，我们发现，美国原来也会犯错。2016年特朗普当选，以及之后四年美国的种种乱象，加上2020年暴发的新冠疫情，让美国的真实面目暴露在了世人面前，美国的制度神话彻底破灭。

未来，美国衰败，根本原因不是在于中国的挑战，而是美国自己的制度出了问题。而且，不仅美国的制度出了问题，美国还盲目自大，拒绝理性看待中国道路和中国模式中的合理和先进成分，不向中国学习。

拜登提出，与中国"竞争"的关键是，美国的"民主制度"要能解决美国老百姓的问题。但拜登及其团队有非常明显的虚伪性，他们一方面试图解决美国的内部问题，增强美国自己的核心竞争力；另一方面，面对中国的崛起，他们延续了特朗普第一任期的政策，用各种卑劣手段对中国进行打压。拜登政府多次以所谓的"种族灭绝"和"强迫劳动"为由，对中国新疆的产业、企业进行打压，就是明证。拜登政府对华为的打击同样出于非常自私的目的。美国天天高喊公平竞争，但一旦发现某个产业竞争不过中国时，就会采用非常卑劣的手段，用所谓的"危害美国国家安全""强迫劳动"等托词，明目张胆地对中国优秀的企业和产业进行打击。

可以明确地说，美国对中国的误解，主要原因在于美国人被自己滥用的政治和意识形态语言困住了，同时也是因为美国人对自己的制度充满了"迷之自信"。在这背后，还有"白人至上"的种族主义心理在作怪。

在今天中美博弈的大背景下，美国也希望通过故意歪曲中国的意图、抹黑中国，取得竞争优势。但非常可笑的是，美国人对中国意图的歪曲、对中国的抹黑，越来越骗不了中国人，到最后反而把他们自己给骗了。谎言重复了一千遍，说谎的骗子把自己给洗脑了。

3. 美国猛打"新疆牌"的真实意图

曾经有人问:"如果你是一个穆斯林,今天你生活在哪里,美国人会对你最好?"

答案肯定不是在美国。美国拥有漫长的种族主义传统,且2001年"9·11"事件后,美国社会对穆斯林非常不友好。

答案也不是在阿拉伯国家。特朗普上台后,曾明确禁止一些阿拉伯国家的公民入境。

另外,过去几十年,美国两次攻打伊拉克,发动阿富汗战争,参与利比亚、叙利亚、也门内战,造成至少几十万穆斯林丧生,上千万穆斯林流离失所。更不用说二战结束后,美国长期在巴以问题上偏袒以色列,令几百万巴勒斯坦的穆斯林家园被占,建国之梦遥不可及。

对于开篇的问题,有人开玩笑说:"答案是在中国。"

过去几年,在部分西方媒体、"学者"、政客的共同煽动下,一个关于中国新疆的巨大谎言在全世界传播。一夜之间,美国突然展现出了对穆斯林从未有过的"关爱"和"热情",不惜就所谓"涉疆问题"屡屡跟中国"硬杠"。

美国是良心发现了吗？

当然不是。

二战结束以来，美国给中东穆斯林带来了深重的灾难，无论是发动战争，掠夺中东石油，还是挑起各种动乱和冲突，美国对穆斯林可谓"罪行累累"。

今天，一些美国人突然显得对中国新疆的穆斯林无比关心，其实他们的每个毛孔都滴着谎言和肮脏的东西。

我曾经在推特上看到一个中国外交官发言，对巴基斯坦人民表示问候，但下面却有一大堆"喷子"疯狂诋毁。出现一些来自西方国家、印度的"喷子"也就算了，竟然还出现了一些疑似来自伊斯兰国家的"喷子"。他们拿所谓的"涉疆问题"说事，对中国外交官出言不逊。

虽然不能确定这些人是否是真的穆斯林，但突然之间，我明白了，美国这几年猛打"新疆牌"，其背后的地缘政治阴谋已经呼之欲出了。

美国打"新疆牌"的操作手法一点都不让人感到陌生。它先是让BBC、美国CNN（有线电视新闻网）这样的媒体，发布一些捕风捉影的报道；然后让一些所谓的"专家""学者"粉墨登场；接着是让一些所谓的"国际组织"发声。等到舆论发酵得差不多了，美国政府就会跳出来，直接出场，对中国横加指责。

所谓的"涉疆问题"，是这几年才被美国等西方国家炒热的。在特朗普第一次执政早期，他本人对虚伪的"民主""人权"问题根本不在意，只想着"美国优先"，只想着怎么给美国捞他眼中认定的便宜。在特朗普第一次执政后期，出于推卸防疫失败的责任等原因，加上为了遏制中国，美国开始逐渐抬高所谓的"涉疆问题"在中美博弈中的重要性，并作出了一个臭名昭著的判断——新疆存在所谓的"种族灭绝"问题。

拜登政府本有机会推翻特朗普政府这一荒谬的说法，但布林肯被提名出任美国国务卿后，在国会接受质询时，竟然宣布接受特朗普政府这一荒谬的说法。此后，布林肯和其他美国政府官员，又在不同场合不断强化这一说法，并对中国官员和机构进行制裁，完全延续了特朗普政府在这一问题上的做法。

连续两届美国政府，为什么如此看重所谓的"涉疆问题"？

其实，如果把这个问题放到中美博弈的大局下看，就一点都不难理解了。

第一，美国通过炒作所谓的"涉疆问题"，可以继续将自己标榜为国际人权卫士，可以牢牢抓住一个道德制高点，尽管美国国内人权状况一塌糊涂。美国试图在标榜自己的同时，通过打"新疆牌"，以达到污蔑、打击、遏制中国的效果。

第二，美国可以用所谓的"涉疆问题"，绑架"五眼联盟"国家以及欧盟，逼迫它们在这一问题上选边站队。

起初，美国的这一做法似乎取得了一定成效。在美国猛打"新疆牌"后，欧盟就所谓的"涉疆问题"制裁中国，然后遭到中国的反制裁。虽然这些制裁和反制裁举措都是象征性的，但对此最感到高兴的莫过于美国了。能看到中欧发生摩擦和纠纷，是美国梦寐以求的事情。

但是，随着中国国际地位的提升，与中国搞好关系的需求占据了主导，美国绑架其他国家的举措势必不会取得最终的成功。在2020年美国总统选举后政府交接期间，欧盟不顾拜登团队的反对，坚持在2020年最后的时刻，与中国达成《中欧全面投资协定》，让拜登团队非常恼火。《中欧全面投资协定》的达成，不仅是中国改革开放的重要一步，还是中国在中美博弈的大背景下，突破美国封锁的重要一步。

第三，美国还在用所谓的"涉疆问题"破坏中国与全球伊斯兰国家的关系。美国媒体长期的反华宣传，难免在一些伊斯兰国家引发当地民众对中国的误解。中国早就看穿了美国的这点小把戏，曾多次邀请伊斯兰国家的外交官或政府官员到新疆实地访问，了解真相。

中美在所谓的"涉疆问题"上的斗争，根本与人权无关，与穆斯林的人权更无关。从根本上来说，这是美国围堵、污蔑、攻击中国的广泛行动的一部分，主要还是服务于美国政客推行的有关中美博弈的政策。

我2017年在新疆自驾游，从乌鲁木齐到赛里木湖，再到喀拉峻、那拉提、巴音布鲁克，一路上风景如画，令我印象极深。我当时就感慨，新疆社会稳定、经济繁荣，与美国等西方国家的宣传真的有天壤之别。

如果有一些朋友看到美国等西方国家媒体的反华宣传，对新疆的状况产生疑问，我要说的是，有时间，大家一定要去新疆走一走、转一转，领略一下祖国西部的大好河山。眼见为实，美国等西方国家媒体和政客的谎言，到时候就不攻自破了。

4. 一错再错的西方媒体，无意间也成就了中国的崛起

过去很多年，一些中国人对《纽约时报》《华盛顿邮报》《华尔街日报》，以及CNN、BBC等西方主流媒体都有一种潜意识里的崇拜情结。对于美国搞的普利策奖，很多人相当崇拜。然而，在涉及中国的报道上，这些媒体一再错得离谱。

我在本书前面的内容中说过，2012年中共十八大前夕，英国BBC记者采访复旦大学中国研究院院长张维为，直接问他："你认为中共还有十九大吗？"因为在他们的脑海里，中国要么全盘西化，要么崩溃，绝对没有第三条路可走。中共十九大是2017年召开的，回顾这几年中国的发展历程，不知这位BBC记者做何感想？

张维为还举了一个例子，过去几十年，英国《经济学人》杂志关于中国的预测，几乎全部是错的。他开玩笑说，把《经济学人》的预测全部倒过来看，会准确得多。

我自己在相当长一段时间里，也会非常疑惑，像《经济学人》这样的老牌媒体，像CNN、BBC这样非常专业的媒体，为什么在报道其他问题时总显得头头是道，但一旦涉及中国，就开始胡说八道起来了呢？

后来我慢慢发现，西方媒体注重采访、注重表达多方观点、注重逻

辑，从形式上看，确实每篇报道都说得"有理有据"，但一旦我们回头去看，经常会发现，它们用的工具富有意识形态色彩，判断也有失偏颇。

我曾经提到，《经济学人》杂志参与发布过《2019年全球卫生安全指数》报告。西方的一群专家经过复杂的计算得出结论，美国是全球应对传染病流行准备最充分的国家，中国则被排在了第51位。

如果在2019年，你去看这份报告，你很可能会赞叹其方法的专业。但随着2020年新冠疫情的袭来，事实大家都看到了，被《2019年全球卫生安全指数》认为在应对传染病流行方面做得最好的美国，成了全世界疫情应对状况最差的国家，感染人数和死亡人数都高居世界第一。

西方世界掌握着各种标准的制定权，这种标准单从技术层面来说，往往显得很专业，但在现实面前，却一文不值。

还有更搞笑的事情。美国彭博社曾经宣称，在疫情中，美国是全世界最适合安身的地方。

这一次，西方没好意思把中国排在第51位，而是排在了第8位。

作为一个长期战斗在舆论战一线的人，我对西方媒体有关中国的歪曲、污蔑深有感触。应该说，这种歪曲、污蔑，给中国的国际形象带来了严重的负面影响。

但最近几天，我也突然想到，这些一错再错的西方媒体，从某种程度上来说也成就了中国的崛起。原因如下：

第一，西方媒体对中国极其苛刻、极其挑剔，客观上让我们加倍小心，反而让我们得以化解一次又一次的危机。拿疫苗来说，西方媒体一开始就炒作中国疫苗数据不透明、安全性存疑，这让中国上上下下都把疫苗安全性当成了最重要的问题来抓，最后中国疫苗的安全性有目共睹。反倒是英国开发的阿斯利康疫苗，接种后在全世界引发了各种安全问题。这就是现实。

西方媒体对于它们认同的国家，即便发现这些国家存在问题，也睁只眼闭只眼，但对于中国存在的问题，就会加以反复炒作、无限夸大，而且最后总是要引向对中国制度的批评。我们换个角度想一想，如果中国像美国那样，因疫情死亡几十万人，你能想象西方媒体会把中国说成什么样吗？即便是像印度、日本那样，西方媒体都会口诛笔伐，打着"悲天悯人"的幌子，不断污蔑和攻击中国的发展道路和发展模式。

孟子2000多年前就说了，"生于忧患，死于安乐"。个人如此，国家同样如此。"入则无法家拂士，出则无敌国外患者，国恒亡。"中国就是在西方媒体格外严格的监督、敲打、污蔑和攻击下走过来的，它们给中国道路和中国模式制造了巨大的生存危机感，但这种生存危机感反而让中国在各种问题上比西方国家都做得更好。

第二，我认同微信公众号"宁南山"的说法，西方媒体长期对中国妖魔化的报道，反而为中国的崛起打了"掩护"。因为西方国家不相信中国的经济数据是真的，它们不相信中国真的在崛起，不相信中国这样一个它们口中的"极权主义国家"可以取得现代化、工业化的巨大成功。在它们沉醉于自己的幻想中时，中国越被骂越精神，越被骂发展得越好。等到这几年西方国家终于醒悟过来了，要全面针对中国搞遏制、搞打压的时候，它们已经错过了遏制、打压中国的最佳历史时机。

今后，中国依然要讲好中国故事，构建自己的话语体系和叙事方式。如果中国总是被西方媒体以一种妖魔化的方式去定义、去解构，这对中国的国际形象确实不好。但与此同时，我们也可以保持一点平常心，全世界从来没有一个真正的大国，是被人"骂死"的。

今后，对于西方媒体对中国的污蔑、攻击，我们要坚决予以回击。我们不仅要构建具有国际影响力的中国媒体平台和渠道，还要构建中国的话语体系和叙事方式。但对于西方媒体有关中国不足之处的报道，我们也可以大度一点。古人说："闻过则喜。"我们不妨放松心态，把西方媒体的免费提醒，当作让中国不断变得更好的强大动力。

5. 西方人零成本污蔑中国的时代结束了

2021年3月22日晚,中国外交部宣布对欧盟10名个人、4个机构进行制裁。此前,欧盟就所谓"涉疆问题"近30年来首次制裁中国,对象包括4名个人、1个机构。

中国驻欧盟大使此前已经明确表示,如果有人执意寻求对抗,中国唯有奉陪。中国说到做到。

可以看到,新疆发生的绝对不是"种族灭绝"问题,也不是人权问题,在这里发生的事件本质上是反恐,是去极端化。中国通过去极端化思想,提供就业机会,促进当地经济发展,来根除极端主义、恐怖主义滋生的土壤。这种做法本来也是联合国有关机构推荐的标准反恐做法,治标更治本。

中国和欧盟,本来地处亚欧大陆两端,八竿子打不着,没有任何地缘政治纠纷。但多年来,欧盟内有一些人以人权的"教师爷"自居,动辄污蔑、抹黑、攻击中国,或沽名钓誉,或捞取政治资本,以显示所谓的"道德优越感"。这种状况早就应该发生改变了。

欧盟进行制裁主要是为了向美国交差,纳"投名状",给自己脸上贴金,那中国呢?

中国关键是要重新给世界立规矩。制裁原本不是中国外交的重要工具，但过去几年，美国对中国进行恶毒攻击、无理打压，也让中国意识到了运用制裁达到外交目的的重要意义。更重要的是，中国自身综合国力的提升，也让这种制裁能够产生真正的伤害效果和威慑性。

之前，美国政权交接之际，中国已经宣布对蓬佩奥等人进行制裁，直接封堵了这些反华分子加入美国跨国企业捞钱的机会。这一次，中国对欧盟的个人和机构进行制裁，多少也会产生一定的震慑效果，最起码，我们中国的大好河山、几千年辉煌灿烂的文明，这些人及其亲属是没有机会领略了。

另外，中国制裁这些人和这些机构，也因为他们散播谣言，严重损害了中国国家形象，并对新疆地区的一些个人和企业的实际利益造成了损害。

长期以来，西方社会一直有一股反华势力，他们或者扮演成人权斗士，或者扮演成学者、专家，或者扮演成媒体人士，然后东拼西凑、道听途说，专门网罗、编织各种反华言论。这些人靠骂中国为生、靠骂中国出名、靠骂中国赢得选举、靠骂中国扩大影响力。这几乎是一本万利的生意。

可以看到，这些人过去顶多是被中国外交部发言人狠狠批一顿而已，从未付出过真正的代价。但从今往后，这些人应该小心点了，因为他们靠骂中国上位、零成本获益的时代，终究是一去不复返了。

第三章 美国『病了』，却让中国『吃药』

1. 美国自己"病了",却总是在赖中国

虽然这几年我主要关注中美关系,但我的老本行是国际财经新闻报道。2006年国际原油市场疯涨猛跌、2007年美国爆发次贷危机、2008年雷曼兄弟破产引发百年一遇的国际金融危机,我都有幸碰上了。

从事国际财经新闻报道,中美经贸摩擦和纠纷是一个每天都会碰到的问题。十几年下来,我最大的印象是:美国自己"病了",却总是在赖中国。拜登政府的贸易代表戴琪,2021年10月在宣布美国对华经贸立场时说,美国对中国"非市场的政策和行为"抱有严重关切。拜登也说过,要为美国工人争取一个公平竞争的环境。他还宣称,只要是公平竞争,美国的工人从不惧怕。真的是这样吗?

如果把时间往前推10年,当时美国政府对中国最大的抱怨可不是什么"非市场的政策和行为",而是"人民币汇率被低估"。当时的情况同样是美国对华贸易存在巨额逆差。一些美国政客认为,中国人为压低人民币汇率是美国对华出现巨额贸易逆差的主要原因。有极端的美国国会议员甚至扬言,人民币汇率可能被低估了40%,他们反复鼓噪,要对中国开打贸易战。当时我参加的任何有关中美经贸问题的报道,都绕不开这个问题。但

为什么美国人现在突然不提这个问题了呢？因为后来人民币汇率的走势完全颠覆了一些美国人的说法。

当时，中国为了确保人民币汇率的基本稳定，确实采取过干预人民币汇率的措施。但过去几年，人民币对一篮子货币汇率基本保持稳定，在此基础上，人民币汇率双向波动增大。很多时候，人民币汇率跌幅过大，中国反而出手为人民币汇率托底。按照美国人的逻辑，如果中国不干预，人民币汇率只会更低，那对美国的伤害岂不是更大？

在"人民币汇率被低估"造成美国对华巨额贸易逆差的说法破产后，美国这几年又祭出了新的说法：中国"非市场的政策和行为"，让美国面临不公平竞争；中国的国企让美国面临不公平竞争；中国的补贴政策让美国面临不公平竞争；……

说实话，在我看来，这不过是一些美国政客和媒体，面对美国自身竞争力下降，为自己找的一些新的借口而已。美国最大的问题不在中国，而在美国自己。

美国为什么会存在巨额的贸易逆差？从根本上来说，还是因为美国政府和民众借了太多的债，寅吃卯粮，用本质上等同于一张白纸的美元，享用和消费全世界的产品和服务。这具有很强的成瘾性。只要美国政府和民众持续不断地举债，不断地从全球各地进口产品和购买服务，即便美国不跟中国产生巨额贸易逆差，也会跟其他国家产生巨额贸易逆差。

美国制造业企业为什么外流？原因很简单，资本的本性是逐利的。在中国、墨西哥，企业生产、采购的成本更低，利润空间更大。既然有这样有利的条件，它们为什么不外迁？更多的利润，意味着更好看的财务报表；更好看的财务报表，意味着更高的股价；更高的股价，意味着企业高管能获得更多的收入。这是一个"完美的循环"。

现在我们都知道了，评价一个制造业企业，一定不能仅看利润。利润只是其中一个评价维度。制造业企业能够提供实实在在的就业机会，能养活无数个家庭，对减少贫富分化、维护社会稳定都有重要意义。

当美国制造业企业为了追求更多的利润而出现外流时，迷信"自由市场万能""政府是不得不有的恶"的美国人，是不会想办法留住制造业企业的。美国不断循环的选举政治，更是让政客非常短视，没有人为民众的生计负责，也没有人为国家的长治久安负责。

在美国制造业企业外流的背后，还有一个更大的问题，那就是美国东西海岸的金融和科技新贵赚取了超额利润，对整个社会的资金和人才产生了挤压和虹吸效应。当投资、炒股就可以轻轻松松赚大钱的时候，谁还会去踏踏实实做实业，去赚取微薄的利润？当苹果、微软、亚马逊市值动辄超过万亿美元时，制造业企业那点微薄的利润，一定会被股市抛弃，资金、技术和人才，只会加速向金融业、科技行业聚集。这就是马太效应。

简而言之，美国经济"病了"。过去几十年，美国金融业脱实入虚，制造业大规模外流，造成大量美国劳工失业。从根本上来说，是美式资本主义出了问题。具体来说，短视和不作为的美国政客和政府则难辞其咎。

今天，面对美国拿"政府主导的发展模式""非市场的政策和行为"说事时，我们一定要保持清醒。

我们要从历史的角度来看待这个问题，搞清楚这不过是"美国自己'病了'却总是在赖中国"的一个最新例证而已。美式资本主义出了问题，美国应该做的不是污蔑、打压中国，而是对美国自己的政策进行反思，找到提高竞争力的根本之道。美国幻想将中国的综合发展优势定义为"政府主导的发展模式""非市场的政策和行为"，这不过是一些美国人一贯给中国制造的话语陷阱的延续而已。如果他们愿意，就让他们忽悠自己，但我们不能被他们忽悠了。

中国的优势，恰恰在于中国特色社会主义。我们既不迷信市场也不迷信计划，而是在市场有效的时候，尊重市场，激发创造活力，在市场失灵的时候，充分发挥顶层设计、制度创新的优势，集中力量办大事。

一个国家要拥有和保持强大的制造业，首先，需要政府加大推进基础设施建设的力度，并通过教育提供源源不断的合格劳动力；其次，需要政府提供一定的土地、能源、水、税收等各方面的优惠，让制造业企业有利可图；最后，需要政府加以引导和支持，以使得产业链集中，产生规模优势。美国坚守市场万能、小政府等意识形态，是不可能做到这些的。

中国经济取得成功的原因，除了改革开放大环境的推动，还有中国企业家的聪明实干，以及中国工人的吃苦耐劳。中国经济的成功，绝对不是中国"违规""作弊"的结果。以华为为例，一个民营企业，完全在市场规则之下取得巨大成功，成为全球首屈一指的电信设备制造商。美国不妨去问问被华为超越的爱立信、诺基亚，华为的成功靠的是"违规""作弊"吗？

反倒是美国自己，口口声声说遵守市场规则，却在面对华为、大疆这些中国的创新企业时，表现出了极大的不自信，动辄滥用国家安全的概念，针对它们搞保护主义，搞封锁、禁运、打压。美国在要求中国遵守市场规则时，应该好好解释一下，美国自己的"非市场的政策和行为"到底是怎么一回事。

美国用"违规""作弊"来解释中国的成功和美国的失败，是为了安抚国内的选民。美国不可能承认自己"病了"，也不可能承认历届美国政府失职、无能。美国这么做，还有一个原因，那就是"白人至上"思维在作怪。一些美国人不觉得自己会竞争不过中国，他们也不肯相信中国仅靠光明正大的措施就赢了他们。他们为了让自己不经受认知失调的痛苦，就编造了中国"违规""作弊"的叙事。这会让很多美国人自我感觉良好，但这对于解决美国的真正问题并没有太大的帮助。

美国丑化、污蔑中国，也不完全是坏事，其实这本质上就跟国际乒联因为中国实力太强而不断修改规则一样。从小球变大球，从21分变11分，从允许遮挡发球到要求必须无遮挡发球，每一次规则的变化，只不过增加了中国教练员、运动员的适应成本而已。很快，整个世界就会发现，中国队依然傲视群雄。

过去一二十年，美国自己"病了"，不断丑化、污蔑中国，给中国制造了很大的麻烦。中国从维护两国关系大局出发，也顺应了美国的部分要求，但中美贸易逆差依然存在，美国制造业企业外流、产业空心化的问题依然没有解决。

对于中国来说，最关键的还是，把美国丑化、污蔑我们的外在压力，变成深化改革、扩大开放的内在动力，变成不断完善和发展中国特色社会主义、不断完善治理体系和提高治理能力的内在动力。这样一来，虽然美国丑化、污蔑中国的借口和理由不断在变，但美国自身的问题却始终无法解决，而中国自身的优势总能继续保持。

美国要让中国放弃自身的优势是不可能的。在中美磋商中，中国不仅要反对美国用自己的方式定义中国，还要敦促美国进行制度反省，找到美国"病了"的根本原因，而不是拿中国当替罪羊、出气筒。

等到美国把能用的借口都用完的时候，就是美国梦醒的时候。那个时候，美国除了承认自己"病了"，将别无选择。

2. 美国进入"黑铁时代"

当地时间2020年11月5日,是美国总统选举投票日后的第二天。

美国《纽约时报》刊发了该报专栏作家、2008年诺贝尔经济学奖得主保罗·克鲁格曼的专栏文章,标题格外醒目——《美国正在变成一个失败国家吗?》(图3.2.1)。

Opinion

Is America Becoming a Failed State?

Mitch McConnell may make the nation ungovernable.

By Paul Krugman
Opinion Columnist

Nov. 5, 2020, 7:00 p.m. ET

图3.2.1 《美国正在变成一个失败国家吗?》

在人们的印象中,"美国"和"失败国家"似乎永远都不会沾边。但在2020年的美国,正在无限接近传统上"失败国家"的定义:疫情失控,

65

经济衰退，种族矛盾激化，选举混乱不堪，政府机制失灵……

2020年，我写过一篇文章——《没有希望的美国》。有人认为，这篇文章的标题过于"劲爆"，甚至认为立论有些"偏激"；还有人担心，中国人如此评论美国，会激发美国政府的反弹。

我想说的是，我对美国的这篇评论文章，绝对不是拍脑袋想出来的，更不是为了收"智商税"而拼凑的"中必胜"文章。我是在仔细分析了美国社会的主要矛盾，以及美国面临的制度性危机之后，得出的理性结论。

我的观点也在一定程度上受到了美国另一个诺贝尔经济学奖得主约瑟夫·斯蒂格利茨、全球最大对冲基金公司桥水公司创始人瑞·达利欧、新加坡前常驻联合国代表马凯硕等人观点的影响。

当我在谈论美国制度性危机的时候，我的目的主要有三个：第一，向人们介绍美国的真实情况；第二，打破一些人对美国制度神话的迷信；第三，帮助人们更客观地看待中国自身制度的长板和短板。

综合来说，我认为，美国面临严重的制度性危机，且中短期内都看不到自我革命和改良的出路。美国社会将在阶级矛盾、种族矛盾和意识形态矛盾的冲击下，陷入一定程度的混乱，并在接下来的三五十年中逐步走向衰落。

我知道，很多人不相信美国会衰落。但就桥水公司创始人瑞·达利欧有关自1500年来大国兴衰历史的研究来看，按照大国发展的周期律，美国正处在衰落期。

美国现在最大的两个问题是：第一，经济失衡造成财富分配两极分化，中产阶级人数减少且实际收入相对下降，经济脱实向虚，制造业空心化；第二，政治失衡造成两党恶斗、精英自肥，政治进程和国家决策被利益集团绑架。

过去十几年，美国在经济上经历了次贷危机和国际金融危机，在政治上则经历了从"茶党"开始的民粹主义兴起。2016年特朗普上台，正是民粹主义发展的一个短期巅峰。然而，尽管特朗普利用民粹主义上台，高举反建制的大旗，成功将自己塑造成美国中下层民众的代言人，但他所推行的政策恰恰损害了他的支持者的利益。

应该说，如果没有2020年突如其来的新冠疫情，特朗普连任几乎是板上钉钉的事情。即便是连任失败，他也成为美国有史以来获得选票最多的"失败者"——他在2020年美国总统选举中获得了超过7400万张选票。特朗普拥有的支持者如此之多，其热情如此之高，恐怕让很多美国左派如坐针毡。他们一定会后怕不已，并一遍遍问自己："美国什么时候变成这样了？"

我们必须要搞清楚的是，"特朗普现象"到底是美国的一种"非常态"，还是美国未来的一种"新常态"？

很多人以为，只要特朗普下台，美国就可以回到"过去的美好时光"，这实在是一种一厢情愿的看法。特朗普是美国社会的症状，而不是病因。美国社会的病因在于前面提到的经济失衡和政治失衡。

从图3.2.2可以看出，从1980年开始，占美国人口50%的穷人的收入在国民收入中所占的比例整体持续走低，但与此同时，占美国人口1%的富人的收入在国民收入中所占的比例则整体持续走高。这两个数据在1995年出现重合，此后差距越拉越大。

简单来说，在美国，1%的人攫取了大约20%的国民财富，而50%的人分到的国民财富不到13%。

美联储几年前做过一个调查，结果显示，大约40%的美国家庭在遇到紧急情况时，连400美元的现金都拿不出来。2021年，美国人均GDP为6万多美元，约为中国的6倍，但美国贫困人口却从1980年的2930万增加到2021年的3851万。

——最穷的50%人口的收入在国民收入中所占比例　　——最富的1%人口的收入在国民收入中所占比例

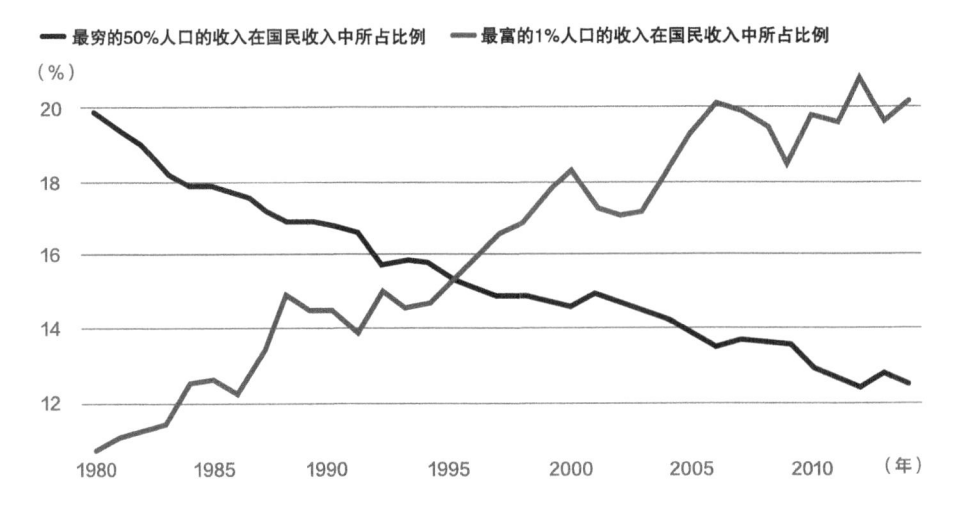

图3.2.2　美国最穷的50%人口和最富的1%人口在国民收入中所占比例

资料来源：《世界不平等报告2018》。

美国的经济失衡还表现为自由市场资本主义体制的整体失灵。过去二三十年，在自由市场资本主义经济制度下，美国制造业企业大量外流，蓝领工人家庭备受打击，许多原有的工业城镇出现衰落，产生了很多的"铁锈带"。今天，不少像美国曾经的"汽车城"底特律这样的城市，都面临着经济衰退、地方政府破产、人口大量外移、犯罪率攀升等严重的经济和社会问题。

在制造业企业外流的同时，美国还在经历金融业疯狂扩张，经济脱实入虚的过程。金融业的繁荣，并没有真正造福广大美国中下层民众。

在严重的经济失衡之下，美国中下层民众的诉求长期得不到关注和回应，他们正变得越来越充满怨气。美国普通民众对传统政客唱高调、不做实事早已经心怀不满，他们只想选一个特别不一样的人，到华盛顿去"掀桌子"。

时代制造了特朗普，而不是特朗普制造了一个时代。

实际上，对于像希拉里、拜登这样的民主党传统政治人物而言，以后的选举只会越来越难。民主党虽然号称代表了中下层民众的利益，但越来越多的美国中下层民众发现，对民主党的支持，根本换不来福祉。他们中的很多人甚至认为，民主党把他们对民主党的支持视为理所当然的事情。这在一定程度上可以解释，为什么被左派称作"种族主义分子"的特朗普，竟然得到了很多拉丁裔和黑人选民的选票。很显然，在这里，阶级矛盾大于种族矛盾。

美国经济的失衡伴随着政治失衡。美国党派政治愈演愈烈，民主党和共和党为了争权夺利，根本不考虑美国普通民众的呼声。

我曾经引用美国RepresentUs（代表我们）网站的视频内容告诉大家，在美国的任何一项政策，民众的支持率不管是100%还是0，最后成为法律的概率都是30%。这说明，美国的政治进程和决策已经彻底与民众的心声脱钩。美国政府看似实行"民主"制度，却与"民选、民有、民享"毫不相关。

美国政治精英脱离民众，但却对美国富人言听计从。调查显示，美国富人的支持率高低，跟一项政策能否成为法律高度相关。在美国，金钱的确是政治的"母乳"。美国政治精英自肥的程度令人咂舌。比方说，在冷战结束后，美国理应减少军费开支，增加基础设施建设和教育等方面的开支，但实际上，美国的军费却不降反增，自2018年以来，基本每年都超过了7000亿美元。这些钱绝大部分进入了美国军火商的口袋里。一些美国军火商为了让美国国会议员支持他们的订单，故意将一些军工厂分散建立在美国各地的一些关键选区内。这些政客为了当选，必然要增加军费开支，让选区内的老百姓开心，但代价却是浪费了美国全体纳税人的钱财。在每年申请和批准国防预算方面，甚至出现了一个非常荒唐的现象——美国国会经常会在国防部申请的预算之外追加预算。美国国会这么做，可不是为了加强美国的军事实力，而是为了相关的军火商的利益。

RepresentUs网站资料显示，一个任期6年的美国参议员，其任期三分之二的时间都要用来筹款，平均每天需要筹款4.5万美元。拿人家的手短，吃人家的嘴短。美国大大小小的政客，无不需要有钱人的支持，才有可能上台。这种支持的代价就是，他们一旦上台，就必须对这些有钱人作出回报，代价同样是牺牲全体美国纳税人的利益。美国政治人物虽然是由选民选上去的，但他们却不对选民负责，而是对支持他们上台的有钱人负责。这就是美国民主制度的异化。

在这种趋势下，美国两党政客换来换去，但都是换汤不换药，对于美国老百姓最关心的经济、医疗、教育、移民、犯罪、枪支泛滥等问题，往往拿不出根本的解决方案。

两党恶斗的格局，还会让民主党取得的"进步"成果，一旦等到共和党上台，就被清算，整个国家的战略和政策都严重缺乏连贯性。有统计结果显示，美国两党国会议员共同提出的议案已经越来越少。

美国政治制度的异化，直接导致美国政客在民众中的支持率走低，在国会领导人的支持率上，这一点尤为明显。美国民众对国会的满意度常年都在20%左右。2022年，美国民众认为国家处在正确发展方向上的比例只有13%左右，而认为国家处在错误发展方向上的比例则超过了75%。

美国引以为傲的自由民主制度，其实已经高度扭曲。由于美国总统选举实施所谓的"选举人制度"，这就造成极端情况下，一个候选人最少只需要获得不到四分之一的普选票，就有可能赢得总统选举。从2016年到2020年，我们越来越看到，决定美国总统职位归属的不是那1亿多张选票，而是决定关键州"赢家通吃"的那几万张，甚至是几千张选票。

美国参议院同样如此。一个州无论大小，都有两个参议员席位。也就是说，几十万人口的小州，跟几千万人口的大州，在参议院中的代表权是同样的。至于众议院，各州议会会在每次人口普查之后对选区进行划分，尽可能让本党的候选人当选众议院议员。

应该说，200多年前，在美国的国父们起草宪法、确定三权分立的政治制度时，这个制度相对于很多国家来说，是非常先进的，也是很有远见的，但这并不是说，美国200多年前确定的政治制度，就会永远完美下去。

对于中国人来说，任何一种制度，都要坚持实事求是、与时俱进的原则，这是常识。但美国200多年来，一直对自己的宪法和政治制度充满自豪感，根本没有向其他国家和民族学习的传统。

接下来，全世界，包括中国在内，都必须做好面对一个被民粹主义控制的美国的准备。而民粹政治的突出特点就是极端化、向内看，全世界都将受到冲击。自二战结束以来全世界享受的"霸权下的和平与繁荣"将会告一段落，世界将步入一个非常动荡的时期。

纵观美国的历史，可以清楚地将其划分为几个时代：

第一，从1865年美国南北战争结束到1918年一战结束，美国完成国家统一，进行战后重建，抓住第二次工业革命的时机，一举成为世界第一大工业国、世界第一大经济体，这是美国的"镀金时代"。

第二，从1919年到1991年冷战结束，这相当于美国的"黄金时代"。在这个时代里，美国成了世界超级大国、西方世界的领袖，主导了二战后的国际政治和经济体系重建。

第三，冷战结束后，美国看似作为胜利者踏上了巅峰，但"9·11"事件以及此后代价巨大的反恐战争，实际上让美国衰落到了"白银时代"。2008年国际金融危机更是让美国的经济制度神话加速破灭，美国经济失衡的问题加速显现，开始步入"青铜时代"。

第四，从2016年特朗普上台开始，美国进入了"黑铁时代"。在这个时代里，美国原有的经济、科技、军事硬实力和文化软实力，仍将处于"自动驾驶"状态，但内部矛盾的激化，以及由此产生的民粹主义政治，将使美国陷入动荡、分裂和对立之中。

当我在思考美国制度危机的时候，我并没有所谓的"反美情绪"，也没有丝毫的幸灾乐祸。事实上，我希望美国保持相对的繁荣和稳定，这样中国就可以通过自身努力，继续从世界和平与繁荣中获益。但现实情况已经不允许了。美国国内严重的经济失衡和政治失衡，让美国不可避免地走上了衰落之路。

我希望对美国制度性危机的分析能够引起国人的思考。中国古代历朝历代的变迁，也符合所谓的"历史周期律"。即便强大如唐朝，到后来也面临藩镇割据、宦官专权、中央政府日渐疲弱的重大危机。放眼世界，从苏联到美国，再强大的"帝国"，制度性危机早晚都会出现。对于中国民众来说，了解美国的制度性危机，可以打破对美国制度神话的迷信，增强对中国制度的自信。更重要的是，我们要从古今中外所有的兴亡更替中看到历史的警示：第一，任何时候，一个国家的政治进程和政府决策，都不能被利益集团绑架；第二，任何时候，一个国家和民族，都要保持实事求是、与时俱进的精神；第三，任何一种经济制度，要想可持续，都要能让大多数人从中获益，任何一种政治制度，要想可持续，都要始终保持"为人民服务"。

我认为，当美国处于空耗、分裂、斗争的时候，上面的历史警示对中国政府和中国人民的意义尤为重大。

3. 从"投票政治"退化成富豪政治，忽视民主的美国哪有资格召开"民主峰会"？

2021年12月9日至10日，美国召开了一场所谓的"民主峰会"。受邀请方中，包含了中国台湾。

在没有被邀请的国家中，中国和俄罗斯最为突出。同时，近年来跟美国关系不好的土耳其未获邀请，跟中国关系很好的匈牙利也没有被邀请，尽管这两个国家都是美国的北约盟友。在东南亚，只有菲律宾、印度尼西亚和马来西亚获得邀请，而马来西亚最后并没有参加。在整个中东地区，只有以色列和伊拉克获得邀请。

美国宣称，本次"民主峰会"将讨论三大议题：对抗极权主义、处理和打击腐败、促进对人权的尊重。参加会议的除了政府官员，还有民间组织和私营企业的代表。接下来，围绕美国召开这次所谓的"民主峰会"，我将从十个角度进行分析。一家之言，仅供参考。

拜登政府为什么要召开"民主峰会"？

早在2019年7月11日，作为总统候选人的拜登就在推特上说，如果当选,他将在执政的第一年,召开"民主峰会"。

当时的背景是,特朗普上台后,美国政治表现出明显的反民主、极权主义倾向,美国作为全世界"自由民主的灯塔"的形象严重受损。拜登提出召开"民主峰会",本身也是一种选举策略,迎合了美国建制派、温和派对于特朗普破坏美国民主的担忧。

2020年拜登大选获胜,此后一直在积极筹备所谓的"民主峰会",其背后的原因,除了兑现选举承诺,还有两个:第一,修复美国严重受损的国家形象,继续将自己打造成全球"民主国家"的"共主",给美国脸上贴金;第二,以所谓的"民主"划线,壮大美国的声势,冷落、贬抑中国和俄罗斯,谋取大国博弈中的有利地位。

当然,美国邀请中国台湾参会,也有把台湾问题国际化、复杂化的考量,希望继续打"台湾牌",遏制、恶心、敲诈中国。

长期以来,我们对democracy的翻译和理解准确吗?

严格来说,将democracy直接翻译成"民主",本身是不够准确的。根据权威的韦氏词典的释义,所谓的democracy,是人民用投票的方式选举领导人的一种政府产生形式。从本质上来说,democracy的核心含义是"用投票的方式选举领导人",跟中文"民主"的含义有着非常大的差别。

多少年来,中国人一听"民主",就觉得是"人民当家作主"的意思,这是一个经典的翻译错误导致认知错误、理解错误的案例。这也可以被看作西方为中国制造的概念陷阱、话语陷阱之一。

到了今天,我们非常有必要对democracy这个词作出更精准的翻译,同时要明确作为一种领导人产生方式的democracy,跟真正的民主并不能画等号。

对democracy更准确的翻译应该是"投票政治",或者是"选举政治",远非具有强烈误导性、带有强烈美化效果和褒义色彩的"民主"。

第一，用投票的方式产生领导人，其结果可能是民主，也有可能不是民主。比如，用投票的方式产生领导人，也可能产生"多数人的暴政"。再比如，老百姓是可以被收买的、被影响的。到底是不是民主，要看结果，要看老百姓是不是在关系自身重大利益的事情上有发言权、有影响力，更要看老百姓的长远利益、根本利益是否得到了尊重和保护。

第二，什么人有投票权也是一个很大的问题。以美国的"投票政治"为例，美国1776年独立，但直到1920年美国女性才获得投票权，这距离美国独立已经过去了144年。而美国黑人要获得投票权，还要等到更晚的1965年，这个时候距离美国独立已经过去了189年。换句话说，在美国独立后长达144年的时间里，美国女性根本没有享受到所谓的"民主"，在美国独立后长达189年的时间里，美国黑人也根本没有享受到什么"民主"。

第三，更重要的是，用投票的方式产生领导人，并不一定是最佳的政府产生和运作形式，并不一定带来善治和良政。善治和良政，是一个国家拥有良好的治理体系和治理能力的结果，跟"用投票产生领导人"是完全脱钩的。但为什么长期以来，大家觉得只要采用了"投票政治"，就一定会带来善治和良政呢？因为一提到"民主"（本质上是"投票政治"），大家想到的都是过去500年来在历次工业革命中占得先机的西方发达国家。很多人误以为，"投票政治"是让西方国家现代化取得成功的根本原因，而没有看到西方发达国家的兴起从根本上来说还是得益于资本的原始积累和技术上的进步。

这也可以说明为什么某些国家在盲目照搬西方的"投票政治"之后，不仅没有换来国家安全、团结与繁荣，反而出现了"黑金政治"、严重的腐败、军事独裁等问题，因为"投票政治"本身并不能解决治理体系和治理能力的问题。

美国真的是一个民主国家吗？

根据韦氏词典对democracy的释义，美国肯定是一个实行"投票政治"或"选举政治"的国家，但并不一定是一个人民当家作主（民主）的国家。今天的中国人，在看待美国的时候，要有这样一个基本的思辨能力。

在今天的美国，到底是谁在当家作主？是看起来手中握有选票的美国民众？还是那些真正有钱、有资源、有影响力，可以最终决定美国国家走向的富人？

答案不言自明。今天美国的政治制度，根本不是民主，而是一种富豪政治。

从"投票政治"退化成富豪政治，是一个长期、复杂的过程。其中，有钱人支持政客当选国会议员，这些国会议员控制的国会则通过对有钱人更有利的法案，是一个基本的操作。

当我们理解了美国本质上实行的是富豪政治之后，我们就可以彻底破除对美国是全世界"自由民主的灯塔"的迷信，真正看清楚美国政治制度的本质。

美国的"投票政治"出现了什么危机？

曾几何时，很多人对美国的政治制度抱有极大的信心。很多人相信，美国拥有良好的制度，即便是让一个资质平平的人去当美国总统，美国整个国家的运转也不会出现太大问题。有人把曾经因为智商被外界讥笑的小布什当作例子，认为他本人远非优秀，更谈不上卓越，但他当政之后，美国国家依然在照常运转。

当然，现在来看，这种说法是站不住脚的。小布什任用"新保守主义分子"，在"9·11"事件后，先后发动阿富汗战争、伊拉克战争。在长达20年的战争中，美国的国力受到了巨大的损耗。

2016年，特朗普上台直接戳穿了这种对美国制度神话的迷信。全世界都看到了，美国的制度远非无懈可击。

2020年总统选举过后，特朗普拒不认输。很多共和党人认为，如果副总统彭斯在国会清点选票的时候按照他们的要求，将一些正在发生选举争议的州的选举人的票作废，就有可能造成不得不用各州众议院代表团的投票来决定总统人选的结果。到那个时候，由于共和党在多数州的众议院代表团中占优势，完全有可能出现特朗普连任的局面。另外，如果选举纠纷闹到最高法院，在共和党任命的大法官在最高法院中占多数的情况下，也有可能给选举结果带来变数。

美国2020年总统选举纠纷最后没有真正走向"最丑陋的结局"，跟彭斯的个人坚持有关，也跟美国全国各地法院法官的坚持有关。所以，很多美国建制派经历2020年的总统选举纠纷后，可谓吓出了一身冷汗。通过这场选举纠纷，很多人都看清楚了，美国的"投票政治"经历200多年的发展，其制度和流程安排仍不完善，美国的选举制度远非完美，更不是无懈可击的。相反，其中的漏洞实在是太多了。

此外，在美国的"投票政治"中，长期存在一种令人啼笑皆非的操作。举个例子，在两个选区中，一个选区有300人，其中200人是支持民主党的，100人是支持共和党的；在另外一个选区中，有500人，其中300人是支持民主党的，200人是支持共和党的。如果正常投票，民主党将拿下两个选区。但是，美国的选举是由州政府组织的，选举规则是由州议会决定的，如果共和党控制某个州的州议会后，就可以以最新的人口普查结果对选区进行重新划分。还是这两个选区，共800人，其中500人支持民主党，300人支持共和党，但是，州议会完全可以划分一个300人的选区，里面有100人支持民主党，200人支持共和党，这样共和党就能拿下这个选区；在另外一个选区，一共500人，400人支持民主党，100人支持共和党，民主党获胜。如此一来，在选民投票立场没有发生变化的情况下，仅仅通过重新划分选区，共和党就可以拿下一个选区，避免输掉两个选区的结局。试想，如果美国全国有几十个、几百个选区，可以操作的空间就更大了。

这哪里是民主？不过是一种赤裸裸的政治操作伎俩而已。

虽然在现实中，要进行上述操作会面临各种各样的困难，但确实有这种操作的空间。更为荒谬的是，在美国当前的政治制度下，这一切都合理合法。

美国有资格召开"民主峰会"吗？

通过上面的分析，我们已经看清楚了：美国并不是一个真正的民主国家，只不过是一个用投票方式产生领导人的国家，其本质不是民主，而是"投票政治"，或者"选举政治"；美国的"投票政治"，并没有带来真正的民主，富人在决定美国国家发展方向方面，具有远远超过普通人的影响力，美国已经退化成为一种富豪政治；即便是美国的"投票政治"，在2016年特朗普上台以后，也出现了种种危机，即便是以美国自己的标准来看，美国的"民主"也已经黯然失色。

在这种情况下，拜登强行给美国加戏，要召开所谓的"民主峰会"，实在是一种自娱自乐而已。

今天的美国，无论是从让"人民当家作主"来看，还是从国家治理体系和治理能力来看，都没有资格"指点江山"，也没有资格按照美国自己制定的"标准"，将全世界200多个国家和地区认定为"民主"或者"非民主"，更没有资格去召开所谓的"民主峰会"。

美国的"民主峰会"能达成推进真正民主的目标吗？

现在就可以明确地说，这种自娱自乐的"民主峰会"，注定不可能达成推进真正民主的目标。美国不过是邀请一些狐朋狗友，凑在一起，给自己壮声势，给自己脸上贴金。

今天，全世界依然有很多国家对美国抱有一种崇拜的心情，它们对于能够获得美国邀请，参加所谓的"民主峰会"，颇有一点沾沾自喜。但实际上，这样的会议，最终只能是清谈会、空谈会，它既解决不了各国内在的问题，也解决不了全球的问题。

美国为什么要邀请中国台湾与会？

在美国邀请的110个与会方中，中国台湾是一个特殊的存在。

早在几个月前，美国就传出要邀请中国台湾与会的信息。但中国方面给予强烈反对，甚至有人建议以军机飞越台湾本岛来作为回应。美国应该是看到了中国方面的强硬立场，所以，在这一次邀请中国台湾与会的时候，玩了一个小花招。美国虽然正式邀请中国台湾与会，但代表中国台湾参会的并不是蔡英文，而是唐凤和萧美琴。

说白了，在110个与会方中，中国台湾也只是一个小小的存在，没有任何影响力可言。

美国让中国台湾与会，本质上还是为了打"台湾牌"，也是为了通过抬高中国台湾所谓的"民主"，来贬抑中国政府。

台海局势会因此而产生什么大的变化吗？

美国邀请中国台湾参加所谓的"民主峰会"，肯定会让台湾问题进一步国际化、复杂化，其最大的"意义"可能就是提高中国台湾在国际上的"能见度"。除此之外，此举并不能给大陆和台湾的实力对比带来任何影响，也不会改变大陆对台湾的绝对性优势。

对于美国和民进党当局接下来可能在台湾问题上采取的一系列挑衅举动，我们要有心理准备。从政府层面来说，该威慑威慑，该谴责谴责，该报复报复，但从老百姓的角度来说，不用过于在意，更不要意气用事。

美国议员也好，波罗的海三国的议员也好，即便他们天天到访台湾，也对"台独"没有任何帮助，也改变不了中国实现完全统一的决心。

美国召开所谓的"民主峰会"，会不会给美国带来副作用？

美国这次按照自己的标准划小圈子，实际上也会得罪很多国家。在中东，美国会让土耳其觉得很不舒服。在东南亚这个美国口口声声说要投入大力气跟中国"竞争"的地区，美国也会得罪新加坡、越南、缅甸、文莱等国。

对于美国来说，自己是一个财大气粗的主人，大手一挥，想邀请谁，不邀请谁，都是自己做主，很威风，但对于那些没被邀请的中小国家来说，它们心里绝对不是滋味。

美国动不动就挥舞"民主""非民主"的大棒，被"伤到"的国家，反过来也会对美国感到不满。

这就是美国召开此次"民主峰会"的副作用。

"民主"发展的出路在哪里？

要真正实现民主，靠的绝对不是美国这一套"投票政治"，而是中国一直在探索、在走的道路：踏踏实实提高政府治理能力，确保社会稳定。不管领导人产生的方式是哪种，最终一定要有一个以人民为中心的领导集体，要有对民众呼声作出回应的机制，要有一定的监督机制。建立一个责任政府，是民主的更本质的要求，也是比实现"投票政治"更为复杂、挑战更大的任务。

未来，民主到底会以什么形式出现，现在还没有定论，中国自己也有很多可以改进、可以完善的空间。但中国乃至全世界的民众，都要从多年以来对democracy的错误认知、错误理解中走出来，认清其仅仅是一种用投票方式产生领导人的政府组成形式，而不要误以为它就是真正的"人民当家作主",更不要误以为,只要采取了这种用投票方式产生领导人的政府组成形式,就一定能带来善治、良政。

只有消除这些错误认知、错误理解,各国才能在探索符合本国国情的现代化、民主化道路上取得实实在在的进展。

4. 历史留给美国的时间不多了

由于美国国内政治"极化"严重，很多人预测，美国总统选举投票结束后，无论谁输，输掉的那一方都不会心平气和地接受选举结果，美国大选后出现严重的暴力冲突在所难免。

但是，实事求是地说，从2020年11月3日起，到2021年1月6日"国会山骚乱"发生前，美国国内局势相对平稳，并未出现大分裂、大动荡。出现这种情况的原因在于，部分右翼媒体不断散播选举存在严重舞弊的信息，并将特朗普阵营采取的任何法律和其他行动，都描绘为将取得重大成果的行动，这给了特朗普支持者极大的希望、信心和期待。由于"信息茧房"的存在，大量特朗普支持者只能从福克斯新闻网，甚至更极端的一个美国新闻网（OANN）、新闻最大（Newsmax）那里获得信息，而这些媒体机构不仅一再宣称选举舞弊板上钉钉，而且宣称特朗普阵营有很大的翻盘希望。正因如此，很多特朗普的支持者不仅认为他们抗议选举舞弊属于"正义之举"，还相信自己一方会赢得最终的胜利。而2021年1月6日，是美国大选后纷争的"分水岭"。美国参议院和众议院当天举行联席会议，在极端分子冲击国会山导致会议一度中断后，会议最后还是确认了各州选举人团的投票结果，认定拜登和哈里斯当选总统和副总统。

在美国的宪政体制下，美国国会联席会议批准选举结果，虽然过往都是"仪式性"的，但从法律程序上来说，这是确认美国总统选举结果的最后一步。此后，不管特朗普阵营采取何种行动，都无法改变2020年的总统选举结果。从法律意义上来说，特朗普的第一任期到2021年1月20日就结束了。

从特朗普支持者的角度来看，至此，他们已经失去了任何通过正常的、和平的、合法的方式来改变选举结果的机会。对于那些"死忠"支持者来说，诉诸更大规模的政治集会来表达自己强烈的抗议和不满，就成为他们唯一的选择。

如果说在2021年1月6日前，他们还可以对自己说，"让我们再等等看吧"，但在2021年1月6日之后，他们中的很多人将会对自己说，"美国已经到了最危险的时刻，我们忍无可忍，无须再忍"。

在部分右翼媒体的煽动下，有相当一部分特朗普支持者坚定地认为，选举胜利的果实被民主党偷走了，他们必须站出来，捍卫美国的民主制度，他们才是真正的爱国者。他们早已构建出了一套高度自洽的认知体系，足以抵挡美国主流媒体、建制派对他们的任何嘲讽、批评、打击，并始终认为，他们站在历史正确的一边。

从长远看，不管特朗普支持者大串联是否会造成新的流血冲突，美国都必须重视这股势力的存在。在地域上，特朗普支持者多生活在广大的农村地区；在种族上，他们以白人为主；在经济上，他们是全球化中美国产业空心化的最大受害者；在社会上，移民涌入，改变了他们心目中美国的模样，而自由派反宗教在政治正确的道路上越走越远，给他们的心理安全带来了极大的冲击。他们是一群自认为是美国真正的爱国者的人，他们有一种强烈的反自由化、反移民、反当权派的强烈冲动，而部分右翼媒体又屡屡推波助澜，让他们成了美国社会最不安定的因素。

美国社会到底如何面对这部分人的诉求，到底建立一种什么机制以给予他们顺畅表达自己立场的机会，就显得非常关键。否则，特朗普支持者越是被边缘化，越是危险。

美国当前面临的困境，有深刻、复杂的经济、政治和社会原因：经济制度失衡，造成美国严重的贫富分化；政治制度失衡，造成美国民主制度异化，"美国人民当家作主"被"美元当家作主"取代；过度的自由化，导致美国国内意识形态混乱，不同阶层、族群和持不同立场的人群之间相互攻击，让美国陷入缺乏权威、缺乏信任的大分裂、大动荡局面。

今后相当长一段时间内，美国社会将被三种主要矛盾裹挟：富人和穷人之间的阶级矛盾；白人和黑人之间的种族矛盾；左派和右派之间的意识形态矛盾。

在200多年前，美国以一场革命实现了建国。200多年来，美国这个国家主要通过宪法修正案和法律的方式，完成制度改革和调整，最终登上了世界霸权的顶点。

而长期以来，美国制度的自我修复能力和韧性，也一直为人们所津津乐道。今天的美国，到底是处在另一场大改革、大调整的前夜，还是处在不可挽回的衰落过程之中，也许不同的人有不同的看法。但可以确定的是，历史留给美国的时间不多了。

特朗普在"美国优先"的口号下，同时疏远了盟友和竞争对手，让世界多极化局势前所未有地显现出来。与此同时，美国政府治理能力的短板，也被暴露在全世界人们面前。美国的国际形象和国际影响力，也遭到了重创。

今天，美国的经济/金融霸权、政治霸权、外交霸权、军事霸权、文化霸权、科技霸权，都面临前所未有的挑战。到2035年之前，如果中国的GDP再次翻番，美国将首先丧失经济/金融霸权。而经济实力是一切霸权的基础。如果美国无法解决国内的经济失衡和政治失衡问题，它就将不可避免地走向衰落。

对于中国来说，我们无须期待美国的衰落，也无须对此表示幸灾乐祸。美国的衰落是一个历史趋势，我们要做的就是妥善应对。

美国的衰落，将使今后几十年世界局势面临前所未有的动荡和不确定性。这个时候，中国只能用自身的高度确定性来加以应对。要保持自身的高度确定性，就是始终办好自己的事情，就是坚持实事求是、与时俱进，就是坚持以人民为中心，就是坚持改革开放。

5. 美国，四年一梦

2020年8月，美国民主党四年一次的全国代表大会再次举行。但由于疫情，往年人山人海、气氛热烈的场面不再。这一次在密尔沃基的大会现场，只有一个简单的摄影棚，第一晚最重磅的发言人是美国前第一夫人米歇尔·奥巴马和参议员伯尼·桑德斯。

2016年的民主党全国代表大会的场景依然历历在目。当时，在经济上，美国已经彻底走出了2008年国际金融危机的影响，复苏势头良好；在国际上，美国正努力从阿富汗、伊拉克撤军，结束两场耗资巨大且血腥的战争；在国内政治上，美国有史以来第一位黑人总统奥巴马八年任期即将结束，但美国自由派完全有理由畅想一个更加激动人心的时刻——希拉里·克林顿有望成为美国有史以来第一位女性总统。

一切看起来都那么美好。

我清楚地记得，米歇尔·奥巴马在2016年的民主党全国代表大会上说了一句直抵人心的话："When they go low, we go high."（"他们选择了蝇营狗苟，我们选择了堂堂正正。"）

年近70的克林顿走上舞台，已经不复24年前他当选美国总统时的意气风发。他满头银发，声音略有些沙哑。他回忆起40多年前在耶鲁大学校园初识希拉里的时刻，讲述希拉里是如何从一个戴着大眼镜的女大学生，成为美国民主党有史以来第一位女性总统候选人。

从小木屋到白宫，一切皆有可能。

后来回想起来，2016年7、8月间，是美国国内政治的一个高光时刻，但也有可能的是，它也是美国国内政治最后的巅峰时刻。

1998年6月25日至7月3日，入主白宫5年的克林顿，第一次携夫人访问中国。这是一次史无前例的访问，从某种程度上来说，这也是克林顿任期内中美关系的一个高潮。这更是对中国的国际地位和影响力的一种默认。

从行程安排来看，这次访问不像是一场外交活动，更像克林顿一家的中国轻松旅行。整个访问，时间之长、气氛之友好，都是前所未有的。

克林顿和希拉里的第一站不是北京，而是西安。在那里，他们参观了被称为"世界第八大奇迹"的秦始皇兵马俑。回到北京，他们又参观了慕田峪长城。后来，他们还去了桂林。

我们这一代人，对美国的认知和情感，都经历过非常复杂的变化。

1998年上大学前，我接受的教育、看到的媒体报道，都在说美国如何霸道、蛮横和不讲道理。进入北大后，除了完成学习任务，我还每天跑到图书馆五楼去看外报外刊。我把1980年至1990年的《时代》《新闻周刊》《商业周刊》合集全部看了一遍。当时，北大图书馆五楼还有一本小册子 *The Vital Speeches of the 21st Century*（《21世纪最重要的演讲》），里面收录了当时最有名的演讲。我看了很多克林顿的广播讲话稿和演讲稿，还背了其中的很多篇目。当时我发现，语言是如此奇妙的一样东西，能如此打动人心。

大学期间，我还经历了1999年北约轰炸中国驻南联盟大使馆事件、1999年中美就中国加入世贸组织进行谈判、2001年中美南海撞机事件……

当时，我们的普遍认知是，美国对中国不好，但美国确实代表了人类文明发展的最先进成果和方向。

我在北大英语系的班上有40多个同学，毕业时差不多是三分之一保研、三分之一出国、三分之一工作，出国的基本都是去美国。我是属于那三分之一参加工作的。我在2001年冬天的时候，参加新华社国际部的考试，没想到春节前就拿到了录用通知。我一直很喜欢国际新闻，新华社对于我来说太有吸引力了。

初到新华社的时候，我每天听在美国的驻外同事说在美国的各种经历。空闲的时候，我也买了许多美国的电影DVD来看。那时候，我一直觉得，美国是一座蕴藏丰富的新闻矿，能把人类文明中的理想主义精神传递得深入人心、鼓舞人心，有值得学习的地方。

2011年，我从新华社国际部财经室调往英文室，参与当时非常受关注的加强国际传播能力建设工作。当时，美国两党就提高政府债务上限问题缠斗不休，美国政府赤字居高不下。我们通过报道，把中国政府作为美国国债最大的外国政府持有者，对美元汇率的稳定性和美国财政的可持续性的担忧表达出来了，被外媒广泛报道。后来，时任美联储主席伯南克到国会接受质询，还专门就这个话题作出回应。

如果从长历史的视角看，2016年一定会是一个特殊的年份。

美国自由派的渴望，一度在希拉里领先的民调中不断被加强，希拉里团队准备了热情洋溢的胜选演讲稿，有的美国媒体甚至提前印出了有关希拉里当选的封面报道。

2016年11月8日，美国总统大选投票开始，到了晚上，特朗普接连在关键州获胜，美国自由派从对希拉里胜选的欣喜憧憬中一步步跌入失望的冰窖。11月9日，希拉里发表最后败选演讲，无数人掩面而泣。

对于特朗普，很多人看不懂。但我一直觉得，特朗普既复杂，也不复杂。复杂，是因为很多人一直在用传统的政治规则和政治伦理去理解特朗普，发现这个人完全不可捉摸。不复杂，是因为他有着十分清醒、理性的决策逻辑。他首先服务于他自己和家族的利益，然后才是去践行"让美国再次伟大"的愿景。

特朗普上台，对于中国人来说，至少打破了三个神话。

第一，特朗普政府对华为、字节跳动等中国高科技企业的无理打压，让中国人看到了美国的霸道和蛮横。

第二，特朗普第一任期中的疫情和种族主义骚乱，让中国人看到了美国政府治理能力的危机，更看到了美国系统性的"双标"政策。而美国赤裸裸的"美国优先"政策，让其在中国，甚至在全世界的道德感召力都大幅滑坡。

第三，美国的制度并非像此前很多人想象的那样完美。并不是仅靠制度，不管是谁当总统，美国政治体制的运行都没有太大的问题。

毫无疑问，当前的美国依然有很多东西值得我们学习。美国经济、科技、军事硬实力和文化、价值观软实力，依然独步天下。美国社会管理的精细程度，依然值得其他国家借鉴。但是，从2016年到2020年，美国制度和文化的缺点，也开始逐渐暴露出来。

研究显示，美国民众对一项议题的支持度跟美国政府的行动没有任何联系。美国政府的决策已经被金钱和利益集团绑架。美国现在已经不再是"民主"国家，而是富豪统治下的国家。

美国还有很多这样的数据，令人触目惊心。美国拥有西方发达国家中最高的基尼系数（用于衡量贫富差距）。过去几十年，美国是唯一一个贫富差距扩大的西方发达国家。作为全球第一大经济体的国民，美国人的平均预期寿命在2019—2021年竟然呈下降趋势。2008年，美国服刑的犯人总数达到了230万，在全世界所有国家中排名第一。

....

2020年，在民主党全国代表大会上，拜登和哈里斯说，这一场选举至关重要，因为它将决定美利坚合众国的"灵魂"。

对美国自由派来说，特朗普执政期间，美国已经变得如此陌生，成了美国自己曾经最讨厌的模样。但诡异的是，美国保守派同样如此认为，只是他们的理由截然相反。他们受够了自由派居高临下、睚眦必报、打击异己的"政治正确"。他们对传统美国政客充满了逆反心理，他们也许不喜欢特朗普的个人风格，但他们认为，只有特朗普才能给死气沉沉的华盛顿泥潭带去一丝新鲜的空气。

他们注定会失望。特朗普不是美国问题的解药。当然，特朗普也不是美国问题的"病因"，他是美国问题的"症状"，虽然这种"症状"往往会被认为是美国问题的"病因"。

回归常识，在方法论上，美国不能想当然地认为自己是"山巅之城""自由民主的灯塔"，而是需要真正的实事求是，与时俱进。在治理方式上，美国需要看清楚利益集团对国家决策的绑架，要打破"腐败合法化"的趋势，要斩断政客、金主和游说集团之间的腐败链。如果做不到这些，不管是什么样的人当选，美国都将无可挽回地走向历史的黄昏。

2016年美国的国内政治，很可能将成为美国自由主义政治的告别演出。

6. 美国"卖拐",能忽悠"瘸"中国吗?

1991年12月25日,入夜,苏联第一任也是最后一任总统戈尔巴乔夫发表了辞职演说。

在戈尔巴乔夫的辞职演说中,他念念不忘自己的"政治遗产",强调自己摧毁了"极权主义"的制度,引入了"民主"和"自由"。对于"民主改革"造成的混乱,他轻描淡写地说:"也许某些错误本来是可以避免的,许多事情可以做得更好。"

展望未来,他充满信心地说:"但是,我相信我们的共同努力迟早会结出果实,我国各族人民迟早会生活在一个繁荣而民主的社会里。"

一个繁荣而民主的社会……

30多年后,翻看苏联解体的各种书籍,我百思不得其解,为什么戈尔巴乔夫等人,会充满期待地将苏联送上不归路?这好比一个人,信心满满、满怀希望地走上绞刑架,把绞索套在自己的脖子上,然后充满期待地告诉全世界,自己将生活在一个繁荣而民主的社会里。

苏联解体13年后,俄罗斯总统普京在2004年发表国情咨文时说,苏联解体是20世纪最大的地缘政治灾难,对于俄罗斯人民来说,这是一场真正的悲剧。

2020年，俄罗斯GDP约为1.5万亿美元，人均GDP约为1万美元。这一年，中国广东省GDP约为1.6万亿美元，人均GDP约为1.3万美元。曾经的超级大国的主要继承者，无论是GDP总量，还是人均GDP，都落后于中国的一个经济大省。

如果戈尔巴乔夫还健在，他一定会问自己，美国和其他西方国家许诺给他的、他自己也深信不疑的"一个繁荣而民主的社会"，到底在哪里呢？

阅读苏联解体的历史，简直就像在看一部大国博弈版的《卖拐》小品。美国和其他西方国家实施的这场"卖拐"骗局，比赵本山、范伟、高秀敏主演的小品，还早了整整10年。

美国和其他西方国家在这场世纪"卖拐"骗局中，生生把戈尔巴乔夫等人忽悠"瘸了"：你们的国家"有病"，共产主义是"永远无法实现的乌托邦"，苏联选择社会主义制度是一场"悲剧"；你们只要走上美国式"自由民主加市场经济"的道路，就将拥有一个"民主""繁荣"的国家；你们是一群伟大的改革者，你们砸烂你们的国家、毁掉你们的制度，但你们给你们国家的人民带来了"自由""民主"，你们将成为"历史性的人物"；……

戈尔巴乔夫，这个被称为苏共"二十大产儿"的人，已经丧失了对苏共和社会主义的信仰。美国和其他西方国家持续不断的忽悠，更让他对苏联"病了"深信不疑。

美国和其他西方国家"卖拐"，还有专业的说法——"和平演变"和"颜色革命"。二战结束以来，美国中央情报局在世界各地煽动骚乱、颠覆反美政权，屡屡得手。让苏联解体，是美国和其他西方国家"卖拐"迄今为止收获的最大成功。

"卖拐"上瘾的美国，在苏联之后，很快就瞄准了下一个目标。这就是中国。2000年，美国总统克林顿要求国会通过对华永久正常贸易关系法案，面对美国国内的质疑，他使用了一个看起来很有说服力的说辞——美国给予中国永久正常贸易关系地位，不仅将让美国的企业获得巨大的利益，还会促使中国社会"更加开放"，以便有朝一日，开启所谓的"自由化、民主化"进程。

在克林顿前后，历届美国政府都使用过这个说辞。2016年特朗普上台后，他仍愤怒地指责说，中国"背叛"了美国的信任，并没有走上美国设计的"开放、自由、民主"的道路，反而在"专制、极权"的道路上越走越远（实际上是中国在中国特色社会主义道路上走得越来越成功）。

在一些美国人的想象中，中国打开国门，搞改革开放，最后必然接受美国的价值观和文化，最终走上美国设定的"自由民主加市场经济"的道路。但对于中国来说，走美国式道路，从来不是改革开放的目的，更不是改革开放的追求，中国一直在追求实现的是真正的民族独立、国家富强和人民幸福。

美国和其他西方国家一切有利于中国发展的技术和管理经验，中国都需要，中国都愿意学习和借鉴。但所有这一切，都是为了让中国人民过上更好的日子。对于美国包装的各种糖衣炮弹，中国拒不笑纳。

改革开放后成长起来的一两代年轻人，既亲身感受到了中国蓬勃发展的大好局面，也亲眼看到了美国霸权主义的种种虚伪、"双标"的行径，他们可不是戈尔巴乔夫。前有苏联解体后的悲惨命运作为警示，后有美国反反复复对中国的遏制、打压、围堵和污蔑，中国人清醒着呢！

反观美国，"卖拐"不成，图穷匕见，开始斯文扫地，直接对中国"下黑手""使绊子"：这是2018年3月美国单方面对中国发起贸易战的背景之一。这也是2021年1月20日拜登正式上台后，继承了绝大部分特朗普的对华政策，继续将中国定位为美国头号"战略竞争对手"的原因之一。美国继续打着"自由""民主""人权"的幌子，忽悠中国人，尽管成效不大，但能忽悠一个算一个；美国直接遏制中国的科技进步和产业升级，企图阻挠14亿多中国人民追求更美好生活；美国不断污蔑中国，企图继续给中国人民选择的政治制度、发展道路和发展模式泼脏水。

但无奈时运不济，美国"卖拐"不仅忽悠不了中国，自己的后院还起了火，乱成一团，令其忽悠越发失去了说服力。

今天的美国，仍念念不忘"卖拐"，但真正"瘸了"的，恰恰是美国自己。在疫情之下，美国阶级矛盾、种族矛盾、意识形态矛盾暴露无遗，美国制度神话破灭。美国"病了"，却让中国"吃药"，这一套已经行不通了。美国还是好好收起"新自由主义"的"拐杖"，留给自己用吧。

对于一些国家，美国"卖拐"屡屡得手，一方面，在于这些国家本身在治理体系和治理能力上存在缺陷。苏联政治和经济制度的僵化、民生的艰难，都给美国"卖拐"以可乘之机。另一方面，美国自身相对于其他国家的先进和发达程度，也让美国的"卖拐"骗局显得非常有说服力。但我们也不要忘了，正是戈尔巴乔夫这样的人丧失了对国家和正确政治道路的信仰，才让美国"卖拐"最终大获成功。

在今天的中国，你是不是对自己的国家、自己的民族前途充满信心？你是不是对中国选择的政治制度、发展道路和发展模式充满信心？你看到了中国存在的各种问题，但你是不是依然相信这些问题需要在一个强有力的中央政府领导下逐步得到解决，而非相信所谓的"休克疗法"，或者什么其他的"灵丹妙药"？你是不是对美国用各种高尚口号包装的"毒药"有敏锐的鉴别力，从而避免被美国人制造的话语陷阱和思维陷阱禁锢？如果你对上面每一个问题的回答都是"是"的话，恭喜你，你已经对美国"卖拐"建立起了足够的免疫力。接下来，我们要做的就是始终坚持实事求是、与时俱进的思想，不断解决中国发展道路中的各种问题，化解各种风险，克服各种挑战。

14亿多中国人的追求和梦想，只有靠14亿多中国人自己的努力才能实现。让美国的"卖拐"骗局见鬼去吧！

第四章 坚定自信,读懂一个复杂的中国

1. 在这里，我们一起读懂复杂的中国

2020年3月至5月，中国人既看到了疫情最黑暗的时刻，也看到了疫情一点点好转的曙光，最后看到了疫情在中国得到决定性控制。写作于我而言，是一种保持思考的方式，更是一种我与这个世界对话的方式。今天，很多自媒体挑动情绪、兜售观点，用各种手段"割韭菜"，收"智商税"，并将其固定成了一种商业模式。我在新华社工作了12年，我所受的职业训练和从小到大接受的价值观熏陶，让我不可能认同这样的操作。我会继续老老实实地写作，在情绪和观点过剩的时代，给大家提供更多的事实、更多的理性思考。

今天的中国，不同人群之间的立场和观点割裂得特别严重。任何一个引发热议的公共事件，都可能有截然不同的解读。观点的割裂，甚至有时候会致使朋友、熟人之间相互"拉黑"。但我们一定要想清楚，今天，我们生活在这个国家，我们的最大公约数是什么？我们共同的期待是什么？我们最应该坚持的原则是什么？对我们这个社会来说最危险的、最应该反对的东西是什么？今天，不管我们的观点有多么大的差别，立场有多么尖锐的对立，我们在进行一切讨论之前，都有几个不言自明的共识：我们都

希望中国国家和社会能继续保持稳定，我们都希望中国经济能继续保持繁荣，我们都希望中国社会能变得更加公平、正义，我们都希望中国的教育、医疗、环境越来越好。如果没有中国国家和社会的持续稳定，没有中国经济的持续繁荣，每个人都会受到影响。所以，我们每个人在讨论任何问题时，都要想想，到底什么才是能保持中国稳定、实现中国繁荣的最佳选择。

我大学本科专业是英语，从事国际新闻报道12年，出于工作原因到访过四五十个国家。我能够接触到美国和中国的各种信息，我也亲眼看到过其他发达国家、发展中国家的真实面貌。对于一些以为"外国的月亮比中国圆"的人，我想说的是，中国没有你想象的那么差，外国也没有你想象的那么好。对于那些天天喊着"厉害了我的国"的人，我想说的是，中国没有你想象的那么好，外国也没有你想象的那么差。中国是如此复杂，你有可能被中国的某些现状气得无语、伤心，但更可能在中国的种种进步中看到无穷无尽的希望。读懂复杂中国的前提是承认一个最朴素、最基本的事实：改革开放40多年来，中国推动了其几千年历史上和世界500年近现代史上最快速的工业化、城镇化进程，实现了最有成效的经济发展和国家复兴；但与此同时，中国的治理体系和治理能力还有很多有待提高的地方，中国社会、经济、教育、医疗、环境，还有很大的改善空间。面对一个"复杂的中国"，我们既不要妄自菲薄，又不要妄自尊大。简单来说，还是那句话："革命尚未成功，同志仍需努力。"

2004年至2006年，我在埃及工作了两年。和中国类似，埃及也是文明古国，在二战后走上了民族独立的道路，拥有超过1亿的人口，坐拥尼罗河三角洲和苏伊士运河等得天独厚的经济发展条件。2011年，在席卷西亚北非的"阿拉伯之春"运动中，穆巴拉克黯然下台。但这所谓的"民主化"，真的给埃及带来了国家发展的春天吗？并没有。2006年我在埃及时，埃镑对人民币的汇率大约是1∶1.4。2019年元旦过后，我去埃及团建，埃镑对人民币的汇率已经跌到了约1∶0.45。这一切到底是为什么呢？

我的理解是，西方凭借其强大的话语能力，给很多人，成功进行了洗脑。很多人认为，只要实行最彻底的市场化改革，一个国家经济一定能发展好；只要实行一人一票的美国式"自由民主"政治，一个国家的政府一定会变得清廉、高效、能干。但是，从我对世界上几十个国家的了解来看，这两种假设都是错误的。彻底的市场经济一定会导致"赢家通吃"、贫富分化，权贵和精英吃肉，老百姓有时候连汤都喝不上。美国经济是世界上最彻底的市场经济，但几十年来，美国权贵和精英合谋攫取利益，结果就是制造业空心化、中产阶级萎缩、下层民众实际收入陷入停滞。特朗普上台，就是美国中下层民众对权贵和精英普遍不满的结果。但非常可悲的是，特朗普并不是美国政治和经济问题的解药，他的上台，反而加重了美国的问题。在疫情之下，美国政府应对混乱、民众付出巨大生命代价就是明证。至于美国式"自由民主制度"必然带来政府的清廉、高效和能干，更是一种误解。在全世界，很多国家都采用了美国式的"自由民主加市场经济"，但由于没有建立起完善的治理能力和治理体系，国家发展依然面临重重困难。可以明确地说，美国式的制度和模式，从来都不是发展中国家实现国家富强和人民幸福的灵丹妙药。相反，很多国家在引入美国式制度的过程中，基于历史的以及现实的原因，反而出现了各种水土不服的问题。

我推荐大家看看新加坡前常驻联合国代表马凯硕的新书——《中国的选择：中美博弈与战略抉择》。他在书中非常客观地指出了西方国家，特别是美国对中国的种种误解。他认为，在中美博弈中，如果美国不调整政策，美国是完全有可能输掉的。有迹象表明，今天的美国，国内政策被利益集团绑架，政治权贵、商业精英、学术权威和意见领袖正合谋共同坑害美国普通民众。

2008年国际金融危机的本质是，美国银行等贷款机构、投行和评级机构合谋，蛊惑本来无力偿还房贷的民众去炒房，然后再通过资产证券化，让评级机构洗白，将有毒资产卖给了全球的投资者。2008年国际金融危机过后，美国政府投入巨资救市，也直接向"大到不能倒"的企业注资。制造金融危机的那些人不仅没有获得惩罚，反而被奖励。精英阶层继续获利，金融危机的代价却由中下层民众承担。除此之外，在全球化浪潮下，美国东西海岸精英赚得盆满钵满，制造业工人却大量失业。这最终导致了美国民粹主义的兴起。

复旦大学中国研究院院长张维为通过"观视频"，给国内民众做了很多政治科普，帮助大家理解中国道路和中国模式的真正含义。他说，西方学者制造了很多有关"陷阱"的名词，如"中等收入陷阱""修昔底德陷阱""塔西佗陷阱"，但过去几十年，世界各国面临的主要陷阱只有两个：一个是"市场原教旨主义陷阱"，一个是"民主原教旨主义陷阱"。

我的观点很明确，任何一种经济制度，不管是市场还是计划，都是一种资源配置方式，没有天生的优劣之分。最好的经济制度，就是能让经济不断发展，能让老百姓不断受惠的制度。无论是美国式"自由民主加市场经济"制度，还是中国特色社会主义制度，关键还是要看是否以民为本、以人民为中心。美国这样的制度不是万能的，如果不改革，美国必然衰落。苏联那样的制度也不是万能的，因为不改革，苏联最后经济下滑、政治混乱、国家解体。对中国而言，最重要的事情就是，实事求是，与时俱进。而判断中国制度的优劣，有且只有一个标准——国家是不是越来越好，老百姓的生活是不是越来越好。

对于今天的中国媒体而言，对于今天的知识分子而言，我们一定要搞清楚对中国构成最大威胁的是什么。我认为，对中国最大的威胁，一方面是美国和其他西方国家的打压、遏制、围堵和污蔑，另一方面是中国内部的改革、发展和稳定面临的挑战。中国当前正处在跨越"中等收入陷阱"的关键时期，需要在保持一定发展速度的同时，更好地解决"分配蛋糕"的问题，避免两极分化，实现共同富裕。同时，中国还面临另外一个风险——在社会利益多元、诉求多元的背景下，由于现实中的一些矛盾和问题，社会中极端思潮抬头，导致社会上出现某种形式的浮躁、冲动和不理性情绪。关于这一点，恰恰是我们这些自媒体作者、知识分子可以有所作为的地方，大家需要一起去传递爱国、理性、科学、务实的导向。

2. 一堂简单的党课

我入党时间不算太早。2002年，我从北大英语系毕业后，幸运地进入新华社国际部工作。2005年，我在埃及驻外期间，经本人申请，组织考察，在新华社中东总分社位于开罗穆罕迪欣小广场旁边的大楼里，成了一名预备党员。2006年，我结束驻外工作后，在北京顺利转为正式党员。

从2014年起，我一直在企业工作，互联网行业的一些朋友，可能零碎地看过或者听过我讲的一些东西。在腾讯工作的时候，受同事邀请，我在深圳和北京两次小范围地讲过党课。说是党课，也不完全准确，更多是围绕党和国家的政策和导向，做一些个人的分析、解读和说明，供大家参考。我当时的想法很简单，互联网行业的朋友一般都比较年轻，对于"体制内"的事情既感到陌生，又有一丝好奇，我就以自身的例子告诉大家，不管大家是从事什么样的工作，考虑问题的出发点有多么不一样，在很多本质问题上，我们拥有的共性可能要远比我们理解的多。

在腾讯分享的时候，我就以下两点与大家进行了交流。

第一，如果按照企业绩效考核的办法（从1星到5星，5星最高），给我们的党和政府打分，你打几星？

我跟大家一起回顾了新中国成立以来几十年的历史，特别是改革开放之后，中国如何从一个人口多、底子薄的国家，一举跃升为全球第二大经济体的历史。大家的共识是，把中国共产党和中国政府放在全世界范围内进行"考核"，至少都应获4星的评价，还有一些人说应获5星的评价。

我的感受是，中国是一个大国，有14亿多人口，如果仅从个案、个例出发，我们还存在很多不完善、不完美的地方，但如果"算总账"、看大势，毫无疑问，中国共产党和中国政府在全世界，"绩效"都是数一数二的。还有哪一个国家的哪一个政府、哪一个政党，能够在如此短的时间里，取得如此大的成就？

第二，我跟大家说，不管你从事什么工作，在今天的中国，你是不是希望中国真正实现民族独立？你是不是希望中国真正实现国家富强？你是不是希望中国真正实现人民幸福？

我相信，只要你是真的在乎这个国家，真心希望这个国家好，你一定跟我在这三个问题上存在高度共识。我接着跟大家说，今天，在中国共产党的领导下，我们是最有机会实现这三大目标的。

已故著名华人历史学者、曾任美国哥伦比亚大学图书馆馆长的唐德刚教授提出了"历史的三峡"理论。他认为，要实现中国传统社会向现代社会的转型，就好比要通过险恶的三峡，必然要历经艰难险阻。

目前，中国崛起已经到了一个比较关键的时刻。美国等少数西方国家对中国的防范、排斥、围堵和遏制越来越明显，这很可能将是一个长期的过程。此时此刻，我坚信，只有在中国共产党的领导下，14亿多中国人民才能顺利通过"历史的三峡"，最终实现中华民族的伟大复兴这一历史性目标。

2024年，中国共产党党员人数已接近1亿。中国共产党依然是最有可能带领14亿多中国人民实现民族独立、国家富强、人民幸福的政治力量。

结合近期国内外舆论斗争的形势，我分享一下自己的看法和体会，算是一堂小小的党课，供感兴趣的朋友参考。

第一，在全世界范围内，中国共产党都是一个非常优秀、非常有战斗力、非常有凝聚力、非常有执行力的组织，我们对此要有充足的自信。

新中国成立70多年来，与当今世界任何一个国家的任何一个执政党、在野党相比，中国共产党带领中国人民取得的成绩都是非常突出的。

我出于工作原因，先后到过四五十个国家，其中既有美、英、法、德、西、日、韩等相对发达的国家，也有亚非拉地区的广大发展中国家。横向比较，中国共产党不会输给任何一个政党。

作为一名中国共产党党员，我们既要看到并且承认，我们还有不断完善、不断改进的空间，又要对我们党的优势和取得的成绩有充足的自信。

第二，中国共产党是唯一能够带领14亿多中国人民实现中华民族伟大复兴的政治力量。

从国际上看，美国等西方国家，经常对中国共产党和中国政府指指点点，自封"教师爷"，但实际上，这些国家连自己的问题都没有处理好。更重要的是，它们对中国指手画脚，最终还是为了给中国崛起制造麻烦，其出发点根本不是为了中国人民好。

从国内看，一些受西方思想影响的"公知"，想当然地认为，"外国的月亮比中国圆"，其实这是一种很无知的表现。"公知"最擅长指桑骂槐、阴阳怪气，但空口说说还行，真到了治国理政的高度，他们基本上都是纸上谈兵，难堪大用。

第三，中国的制度具有明显的优越性。这种优越性，随着中国现代化建设的成果越来越大，其外在表现也越来越明显。

几十年来，我们经常说，社会主义有集中力量办大事的优势，但因为中国的综合国力还处在一个从量变到质变的过程中，现实中中国跟美国等西方国家相比，在物质文明和精神文明方面都存在差距，大家对这种优势的体会并不明显。

过去十几年，随着中国综合国力不断提升，我们能够越来越明显地体会和感知到这种优势。特别是在疫情期间，中国政府处事的高效率、对人民生命与健康的真正关注，让我们的制度自信上升到了一个前所未有的高度。

第四，对于中国模式和中国道路，我们要有充足的自信。

美国动不动用"自由民主"和"专制"来分别定义美国和中国的制度，这其实是一种话语陷阱。

美国的制度并非真正的自由民主制度。这一制度现在已经从"民主"退化为富豪政治了。由于超级政治行动委员会的存在，金钱前所未有地腐蚀了美国的政治。时至今日，美国的政治进程和政治决策，往往被各种利益集团左右，这也是美国国内阶级矛盾、种族矛盾、意识形态矛盾不断激化的根本原因。

美国选民虽然手中有选票，但由于美国整个政治进程和政治决策被利益集团绑架，美国选民最希望看到的政策，往往并不能出台和顺利实施。美国国内枪支泛滥，但几乎任何有意义的控枪法案都无法在国会获得通过，这就是一个例证。

中国特色社会主义道路有来自中华优秀传统文化的"仁政""天下大同"的思想成分，也有平等、共同富裕等现代社会主义的思想成分。在真正为人民服务这一点上，从全世界范围来看，中国共产党都是做得非常好的政党。如果我们将目光投向世界，很多发展中国家，虽然实行了"美式民主"，但其发展反而受到了影响，其内部往往党争不断，精英阶层腐化，利益集团横行，民粹主义势力不断抬头，最终受苦受害的还是普通老百姓。亚洲和拉美很多国家陷入"中等收入陷阱"，往往就是出于上述原因。

由于"村村通油路"工程的实施，在北京郊区，不管是多么偏远的山村，柏油路或水泥路都能通到每家每户的门前。如果是在利润优先的美国，这是根本无法实现的。很多在美国旅行的人都知道，美国地广人稀，很多地方移动通信网络的覆盖是非常差的，不像在中国。今天，无论你是在鄂西北山区，还是在云贵山区，网络基本上都做到了全覆盖。这才是真正的为人民服务。

第五，我们要跨越西方"市场原教旨主义陷阱"和"民主原教旨主义陷阱"，坚定"道路自信、理论自信、制度自信和文化自信"。

首先，我们要跨越"市场原教旨主义陷阱"。通过改革开放，我们已经搞清楚了，无论是市场，还是计划，都只是一种资源配置手段，并不是社会主义和资本主义的本质区别。正是因为有了这个认识，我们在改革开放的过程中，才没有被美国和其他西方国家忽悠去搞全盘西化、市场化、私有化，才避免了美国那种周期性爆发的经济危机和金融危机。

其次，我们还要跨越"民主原教旨主义陷阱"。我们要认识到，国家治理方式并没有天生的优劣之分。判断其好坏，最终要看其是否以人民为中心、为人民服务。

"美式民主"在相当长一段时间内，适应了美国的国情，这也是美国社会爆发出巨大的创造力的重要原因，最终成就了美国超级大国的地位。但"美式民主"现在也暴露出了其自身的缺点。对于中国来说，一定不能照抄照搬美国，而是要坚持以人民为中心，立足本国国情，说实话、做实事。

第六，在当前和今后相当长一段时间内，美国和部分西方国家都会对中国进行各种各样的污蔑、攻击、围堵、遏制、打压。

美国等西方国家依然牢牢控制着今天的全球舆论。它们最擅长的就是把各种歪理邪说包装成看起来很有道理的说辞，我们千万不要被它们那一套"自由、民主、公平、人道"的说法欺骗。我们要时刻对它们制造的种种谣言、说辞保持警惕，在重大问题上始终与党和政府保持一致，坚持中国国家利益至上，坚持中华民族利益至上。

第七，今天中美之间的局面，不是因为中国放弃"韬光养晦"引发美国不满的结果，而是美国蓄意打压、遏制中国的结果。

今天中美之间的博弈，不是传统意义上大国围绕意识形态、地缘政治、势力范围进行的斗争，而是美国遏制中国和中国反遏制的斗争，是美国推行霸权主义和中国反对霸权主义的斗争。

美国今天打压、遏制中国的唯一目的就是继续维持其霸权，根本不可能是为了中国和中国人民好。

不管中国是否实行"美式民主"，美国都不会坐视中国崛起而不管，都会在科技和产业制高点上封杀中国。

第八，我们要对中美博弈的长期性和复杂性有基本的认知，但同时，对于中美博弈的结局要有充足的信心。

这种信心归根结底还是来自我们对中国共产党领导中国人民实现现代化的信心。

美国虽然动不动嚷着代表全世界，但实际上，无论是在国家数量上，还是在人口规模上，美西方从来都是少数派，它们根本代表不了国际社会，更代表不了全世界。

今天，中国拥有全世界最完备的工业门类和品种，中国不仅是世界工厂，也是世界市场，美国已经不可能彻底封杀和遏制中国了。至于"核、高、基"等技术被美国"卡脖子"的问题，只要有足够的资源和时间投入，早晚都可以解决。

只要14亿多中国人在思想上不乱，不被美西方带偏，保持团结，并且扎扎实实办好自己的事情、解决好一个又一个的现实问题，美国的打压从长远的、历史的角度来看，只会成为对中国崛起的一种磨砺。

第九，今天，我们面对国内外形势，既不能妄自菲薄，也不能盲目自大，关键是要坚持实事求是、与时俱进。

妄自菲薄和盲目自大，是两种极端情况，都不是基于中国国情的恰当选择。

我们既要实事求是地看待中国崛起面临的各种困难和挑战，也要看到中国崛起面临的历史机遇和光明前景；我们既要实事求是地看待美国和其他西方国家的优势和长处，也要看到它们面临的内在问题和挑战。

中国要实现完全的现代化，还需要几十年的努力，我们既要坚持自主探索，立足本国国情，创造性地解决各种问题，也要继续"摸着美国过河""摸着西方过河"，从其他国家的成败得失中汲取自身发展的灵感。

第十，中国是一个大国，任何时候，办好自己的事情都是最重要的事情。

对于美国的打压和遏制，我们从战术上要重视，从战略上要藐视，长期有耐心，长期有信心。

中美都面临着各自"历史的三峡"，到底谁能顺利走出去，谁会被暗礁、险滩限制住脚步，历史会告诉我们答案。

对于我们自己来说，就是要聚焦国内，不忘初心、牢记使命，时刻以人民为中心，只要我们做到这一点，任何外部势力的阻碍都不是问题。只要14亿多中国人民坚持实事求是、坚持与时俱进、坚持脚踏实地，我们必将迎来中华民族的伟大复兴。

3. 今天，14亿多中国人站在了历史正确的一边

2021年3月18日，是一个可以在历史上留下印记的日子。这一天，美国国务卿布林肯和美国总统国家安全事务助理沙利文，在美国阿拉斯加与中共中央政治局委员、中央外事工作委员会办公室主任杨洁篪，国务委员兼外交部长王毅举行会谈。

美国人看似态度温和，但在本该是礼仪性的开场白中，当着全球媒体的面，对中国横加指责，在"人权"、经贸、涉疆、涉港、台湾等问题上老调重弹。对此，杨洁篪火力全开，同样当着媒体的面，对着居高临下的美国人"开炮"。他说：

——美国没有资格从实力地位出发同中国对话；

——至于说美国人民百折不挠，美国人民当然是伟大的人民，中国人民也是伟大的人民。难道我们吃洋人的苦头还少吗？难道我们被外国围堵的时间还短吗？

——历史会证明，对中国采取"卡脖子"的办法、采取打压的办法，最后受损失的是自己。

……………

以上这些，只是当天中方发言中很少的一部分，看完十几分钟的发言视频，很多中国民众都大呼过瘾。

由于媒体在场，中美在阿拉斯加会谈的开场就激烈对撞、火星四射，让全世界都有点"意外"。

对于中国来说，"来而不往非礼也"，美国出言不逊在先，中国没有必要继续忍气吞声。

对于美国来说，中国外交官强势还击，也深深地刺痛了很多美国人。《世界是平的：21世纪简史》一书作者托马斯·弗里德曼甚至专门在《纽约时报》上撰文说："中国人不再尊重我们了，而且他们完全有理由这么做。"有人说，弗里德曼的文章就像当年中国有识之士写的《警世钟》《猛回头》，本意并不在于表扬中国，而是希望激发美国人对自身问题的重视。但无论如何，中美在阿拉斯加交手，在美国引发强烈的反响，是毫无疑问的。

对于日本、澳大利亚这样的美国"跟班"来说，中国"说硬话"教训美国，其实就是"打主人给狗看"。特别是澳大利亚，在中国的打击之下，如果还幻想着挟美国自重、给中国施压，只怕是打错了算盘。

对于全球其他国家来说，它们都看到了中国人捍卫自己主权、安全和发展利益的决心，即便是面对美国，中国也丝毫不为所动，无惧无畏。

可能很多人对此都不太适应。但实话实说，事情本来不就应该如此吗？

几十年前，刚刚成立的新中国，就跟美国在朝鲜半岛打成了平手。双方打打谈谈、谈谈打打，中国人那个时候就没有怕过美国。中国人的态度很明确：要打，奉陪；要谈，欢迎。特别是美国一向喜欢拉盟友壮胆，在朝鲜战争中拿到了所谓的联合国"支持"，并纠集了16个"仆从国"。但事实证明，这一切都不管用，美国最后不照样在停战协定上签了字？

今天的美国，故伎重演，动不动拿盟友说事，其实这不过是"走夜路吹口哨——给自己壮胆"。只要中国在跟美国的正面斗争中不落下风，美国所谓的盟友都是"传说"。

在拜登政府高喊"美国回来了",并准备纠集美国传统盟友对付、打压、包围中国之际,中国在外交上主动出击,积极有为,取得了非常不错的效果。

中美博弈,是一个复杂且漫长的过程,外交领域是其中的一个重要战场。目前看来,美国到最后真正能动员起来的国家,主要还是"五眼联盟"国家和日本,以及部分传统上喜欢操弄意识形态的欧洲国家。

世界上绝大多数国家都没有兴趣加入美国的对华包围圈。同时,在最关键的中亚、东南亚、中东,未来还包括非洲、拉丁美洲等,中国都会真正做到"朋友遍天下"。

美国现在要组建对华统一战线,除了极少数传统盟友,真正能动员的国家并不多,最根本的原因在于,美国今天已经不能用自己的力量让追随自己的国家变得更稳定、更安全、更富裕、更强大了。美国国内民粹主义盛行,美国外交整体上处于收缩状态。拜登已经明确表示,与其他国家达成自贸协定,不是美国的优先选项。疫情之下美国大量囤积疫苗的举措,也让很多发展中国家寒心。在对外投资方面,美国能够带给其他国家的利益也越来越少。

相反,在"一带一路"倡议下,中国投入了大量的真金白银,并利用中国"基建狂魔"的能量,帮助发展中国家改善基础设施,争取更好的发展。中国日益增长的国内消费市场,也正在成为越来越多国家出口的目的地。

回到中美博弈,我再次呼吁,国内的民众一定要认识到这个问题的长期性和复杂性,不要有毕其功于一役的想法。美国的霸权是在美国先后成为世界第一制造业大国、第一大经济体,并经由两次世界大战的洗礼,在几十年的过程中逐步形成的。今天,虽然美国霸权整体处于衰落中,但"瘦死的骆驼比马大",中国依然需要打起十二分精神,小心应对。时与势在我们一边。

国内的民众除了要有耐心，也要有充足的信心。"一切反动派都是纸老虎"，这句话今天照样适用。今天的中美博弈，是美国人强加给我们的。中国从来没有主动谋求颠覆、破坏美国的霸权，是美国自己面对中国崛起，缺乏信心，反过来变本加厉遏制、包围、打压中国。从中国的角度来看，我们主要是在维护自己的主权、安全和发展利益。我们并没有去美国家门口耍枪弄棒，也没有处处跟美国针锋相对。"得道多助，失道寡助。"美国非要逆潮流而动，想要"扼杀"中国，中国只能奋起抗争。我们要坚信，14亿多中国人没有去侵略任何一个国家，我们所要的不过是让自己和后代过上更富裕、更有尊严的生活，这是一种正义的追求，是任何力量都无法扼杀的。

今天的美国，跟历史上任何时期的美国一样，所谓的"拉盟友打群架"，不过是给自己壮胆。任何时候，如果我们对胜利的信念有所动摇，我们就去回顾一下抗美援朝的历史。当年，几乎是一穷二白的新中国都没有输给美国，今天，成立70多年、改革开放40多年的新中国，更不可能输给美国。

中美大国博弈，在外交领域，就是21世纪的"合纵"与"连横"之争。今天的中国，不盲目自大，也不妄自菲薄，不卑躬屈膝，也不会蛮干。我们手握几张王牌，只要保持平常心，还是那句话，时与势在我们一边。

此外，我就来说说中国的几张王牌：

第一，中国国家治理体系的科学性和有效性；

第二，中国人民的凝聚力和向心力；

第三，中华民族奋发图强、奋发有为的精神面貌；

第四，中国继续保持强劲增长的经济，给全世界带来了发展机遇；

第五，中国合作共赢的发展理念，可以在实现中国发展的同时，兼济天下；

第六，中国不断发展的军事实力，以及中国军人不怕牺牲的战斗精神，能够在任何时候，守住国家利益和民族利益的底线；

第七，中国外交取得了预期的成果，为中国在国际社会积攒了更多的"人品值"；

第八，中国的"一带一路"倡议，是真正能够让"一带一路"国家实现全世界人民共同富裕的可行之路。

"雄关漫道真如铁，而今迈步从头越。"接下来，我们还是要保持耐心、保持信心，一心一意办好自己的事情。

追求民族独立、国家富强、人民幸福的14亿多中国人，真正站在历史正确的一边。而妄图打压、遏制、包围14亿多中国人的人，才是站在了历史错误的一边，他们终将为自己逆潮流而动的选择，付出惨重的代价。

中国人不主动欺负任何人，但任何人也不要妄想欺负今天的中国人。

4. 打破美国对"民主"的叙事垄断，构建中国的"民主自信"

2021年12月9日至10日，美国总统拜登召开了所谓的"民主峰会"。从中国的角度，这不过是美国在中美博弈的大背景下，进一步拉帮结派、贬抑中国的一个小伎俩：美国通过此举给自己脸上贴金，体现自己作为"全球民主国家"盟主的地位；美国故意不邀请中国、俄罗斯与会，通过搞团伙，污蔑这两个它所认为的"竞争对手"；美国故意邀请中国台湾的代表与会，无视其"黑金政治"的种种弊端，通过美化台湾、贬低大陆，将台湾问题国际化；美国邀请乱港分子与会，进一步污蔑中国；美国邀请立陶宛这个弹丸小国主持"民主峰会"中的一个会议，故意抬高立陶宛的国际地位，鼓励立陶宛挑衅中国的行为。

在美国"漂亮"的言辞之下，是中美博弈的现实；在美国试图"美化"自己的政治制度之下，是中美关于"民主"定义权、解释权的争夺。

接下来，我将从四个方面，解构美国对"民主"的叙事垄断，构建中国的"民主自信"："民主"是一种手段，并非目的，为了"民主"而"民主"，而不看"民主"是否达到了民族独立、国家富强、人民幸福的目标，是一种教条主义的做法；任何一种进步的政治制度，其本质追求都应该是善治、良政，而非"投票政治"；所谓的"美式民主"，早就不再是真正的民主，而是一种富豪政治，其本质是"有钱人的民主"；治国理政，要让专业的人做专业的事，"民主"的本意应该是要确保民众的呼声能够得到回应、民众的利益能够得到保障，而非只是流于"投票"这种片面的形式。

"民主"只是一种治理手段，而非目的

中国在改革开放之后，在"姓资姓社"的问题上曾经有过很多的争论。当时争论的核心在于，计划经济是不是社会主义的本质特征，由此衍生了另外一个问题——社会主义能不能搞市场经济。

对于现在的年轻人来说，这些争论非常陌生，但对于有过这段历史记忆的人们来说，这些争论涉及"国本"，其重要性不言而喻。

非常幸运的是，我们后来选择了一条理性、实事求是的道路，并形成了一个重要的共识——计划和市场都只是一种资源配置手段，计划经济不是社会主义的本质特征，市场经济也不是资本主义的本质特征。计划和市场两种资源配置手段都需要用、都要用好，才能真正解放和发展生产力，才能真正让老百姓过上更好的生活。回过头来看，我们可以把这个过程称为当代中国在经济制度上的"觉醒"。

当下，中国正在经历另外一场"觉醒"——政治制度上的"觉醒"。在这场思辨讨论中，我们应该清楚地认识到，"美式民主"（其本质是"有钱人的民主"）只是一种治国理政的方式，是一种手段，而非目的。判断一种政治制度的有效性、优越性，标准有且只有一个，那就是这种政治制度是否真正有利于一个民族、一个国家实现民族独立、国家富强、人民幸福的根本目标。任何有利于实现这一目标的政治制度，都是一种好的政治制度。相反，任何不利于实现这一目标的政治制度，不管披着什么样的漂亮外衣，不管是叫"民主"还是叫其他名字，都不是一种好的政治制度。

从美国当前的政治现实来看，其独立240余年，"民族独立"没有问题，"国家富强"基本也称得上，但"人民幸福"则远远达不到。据美国最大的饥饿救济组织"喂养美国"公布的一项报告估计，2020年，在美国的约3.3亿人口中，有近六分之一面临饥饿问题。这对于很多中国人来说，是很难想象的。美国不是全球第一大经济体吗？美国人均GDP不是超过6万美元了吗？美国为什么还面临如此严重的饥饿和贫困现象？我自己也清楚地记得，2020年美国疫情暴发后，经济停摆，民众大量失业，很多美国人排着长队去领取救济食品，令我非常震惊。这可是美国啊！

全球最大的对冲基金公司——桥水公司的创始人瑞·达利欧在其新书中指出，美国正在面临百年一遇的财富和社会分配不公。美联储发布的《2018年美国家庭经济状况报告》表示，美国有40%的家庭，如果出现紧急情况，连400美元的现金都拿不出来。过去30年，美国已经陷入严重的贫富分化，这是当前美国面临各种政治问题的根源之所在。

对于中国来说，恰恰要吸取美国的教训，坚定走共同富裕的道路。只要我们能真正实现民族独立、国家富强、人民幸福，我们的政治制度就是好的政治制度。

"美式民主"并不必然等同于善治和良政

长期以来，世界各国民众对"民主"有极大的好感，这里面的原因比较复杂。

以美国为代表的西方国家，实施了所谓的"民主制度"，同时在经济、科技、文化和军事等各方面领先全球，这让全世界民众产生了一种错觉，仿佛只要自己的国家采取西方国家的"民主制度"，也同样可以像西方国家一样发达、先进；美西方国家掌握着世界话语权，长期以来以"民主""人权"为幌子，美化自己的政治制度，打压、抹黑异己，相当于一直在给全世界人民洗脑。

实际上，美西方国家达到今天的发达和先进程度，主要是靠历次工业革命带来的生产力跃升，还有对非西方世界的掠夺和剥削。其中，对非西方国家的掠夺和剥削发挥了重要作用。假设没有对非西方国家的掠夺和剥削，西方国家就不可能完成资本的原始积累，也就无法提升其经济实力。这些和所谓的"民主制度"是没有关系的。

如果仅仅看到西方国家实施所谓的"民主制度"，就照抄照搬，然后幻想自己国家也可以达到同样的发达和先进程度，这实在是一种妄想。二战结束后，美国从瓦解欧洲传统列强势力范围等原因出发，支持了世界各地的民族独立和解放运动。在美国的推动下，全世界出现了所谓的"民主化"浪潮。但实际上，采取西方"民主制度"的发展中国家，绝大多数在实现民族独立、国家富强、人民幸福上都乏善可陈。甚至可以夸张一点说，绝大多数盲目照抄照搬西方"民主制度"的国家，到最后都失败了，而不是成功了。

东南亚的菲律宾就是如此。20世纪80年代，菲律宾因为有着说英语的传统，依靠面向美国等发达国家的外包服务，日子过得挺滋润的。但到了2020年，菲律宾的人均GDP只有3300美元，妥妥地陷入了"中等收入陷阱"。从菲律宾身上，我们哪里可以看得到所谓"民主制度"的优越性？

要真正实现善治和良政，需要基本的民族独立和社会稳定，也需要基本的市场化和法治化框架，还需要建立起一套可以确保社会正常运转的政府职能。但在这些因素的背后，还有三项非常重要的因素——领导集体的使命感和责任感；民众的勤劳、进取心和冒险精神；整个国家和民族对教育、基础设施的重视。这些因素如果细究起来，可能跟文化更相关。

对于任何一个国家来说，治国理政都是一个"技术活"，其核心追求应该是实现善治和良政，而判断是否实现善治和良政的标准在于，一个国家是否尽可能地解放和发展了生产力，是否确保了最广大人民群众的根本利益。

"美式民主"的堕落

关于这一论点，我在之前的文章中说过很多次了，这里引用一下之前的结论：美国并不是一个真正的民主国家，只不过是一个用投票方式产生领导人的国家，这种方式的本质不是民主，而是"投票政治"，或者叫作"选举政治"；美国的"投票政治"，并没有带来真正的民主，富人在决定美国国家发展方向方面，具有远远超过普通人的影响力，美国已退化成为富豪统治下的国家；在2016年特朗普上台以后，即便是以美国自己的标准来看，美国的"民主"也已经出现了种种危机，已经黯然失色。

在这种情况下，拜登强行给美国加戏，要召开所谓的"民主峰会"，实在是一种自娱自乐而已。

今天的美国，无论是从"让人民当家作主"这个本意来看，还是从美国的国家治理体系和治理能力来看，都没有资格指点江山，将全世界200多个国家和地区按照美国自己制定的标准认定为"民主"或者"非民主"国家。美国更没有资格去召开所谓的"民主峰会"。

打破对"美式民主"的迷信

治国理政是一个"技术活"，也是一个"专业活"，跟这个世界上的其他事情一样，也应该遵循"让专业的人做专业的事"的原则。

民主的本质追求应该是，民众的呼声能够得到回应，民众的利益能够得到保证，而不是一人一票。我们不要迷信一人一票，因为无数的历史经验都已经证明，一人一票可以产生多数人的暴政，可以产生糟糕的政客，还可以助长极端化社会思潮。

"美式民主"就充分暴露了一人一票的弊端。

如果人民只有在投票时被唤醒、投票后就进入了休眠期，只有竞选时聆听天花乱坠的口号、竞选后毫无发言权，只有拉票时受宠、选举后就被冷落,这样的"民主"不是真正的民主。

对于今天的中国来说,最重要的是探索出一条符合中国国情的治国理政道路,其核心包括两个层面:第一,不断完善治理体系,不断提高治理能力,真正体现科学性和有效性,其中最关键的是要选贤任能,同时在思想上要保持实事求是、与时俱进;第二,要建设一个责任政府,确保民众的心声可以传递到决策层,并转化为实实在在的政策,确保治国理政的过程能够受到有效监督,避免个体的腐败和堕落,确保有完善的纠偏、纠错机制,增强制度的弹性和韧性。

今天的中国,最大的追求依然是民族独立、国家富强、人民幸福。美国选择什么政治制度,那是美国的事情,最终美国人民和历史会给出公正的评价。

第五章 讲好中国故事,通过『历史的三峡』

1. 人人都热爱和平，但只有有能力遏制战争的民族才能享有真正的和平

2021年国庆节前夕，我看了电影《长津湖》。

这几年，在中美博弈的大背景下，我反复了解了抗美援朝这段历史。对于长津湖战役，我此前已经看过了太多的信息。中国人民志愿军战士在零下三四十摄氏度的严寒中，缺衣少食，跟当时世界上最强大的军队——美军，展开了一场惊心动魄的较量。

在长津湖战役中，宋时轮领导的第九兵团从东南沿海入朝作战，甚至基本的御寒棉衣都没有配够。在那个寒冷的冬天，中国人民志愿军战士和美军士兵都大量冻伤甚至冻死。长津湖战役击碎了狂妄的麦克阿瑟尽快结束战争的幻想，也将美军牢牢阻止在"三八线"以南，扭转了战局，挽救了朝鲜，战略意义非同小可。

正是因为了解到中国人民志愿军战士的苦难和牺牲，影片音乐一响，就会形成一种强烈的催泪效果。但这部片子，并非只有苦难和牺牲，它真真切切讲清楚了抗美援朝的历史原因，讲清楚了抗美援朝战争中中国为什么能够取得胜利，也讲清楚了抗美援朝战争中中国人民志愿军战士巨大牺

牲背后的重大历史意义。

仅从电影艺术来说，我认为《长津湖》基本达到了好莱坞电影的水准，但没有好莱坞电影中那种无限拔高的个人英雄主义，也没有卿卿我我、不切实际的爱情桥段，因此显得更真实、更自然。

对于抗美援朝战争的意义，我们需要重新认识。今天，我们可以明确无误地说，这场战争是中华人民共和国的立国之战。按照毛主席的说法，那就是"打得一拳开，免得百拳来"。

中国抗美援朝，不仅是为了援朝，更是为了打醒狂妄自大的美国，为新中国成立后的和平与发展创造条件。抗美援朝战争取得伟大胜利，让世界重新认识了新中国。一个就在十几年前还在被日本侵略、屠杀的民族，在中国共产党的领导下，组织起来，爆发出了强大的凝聚力和战斗力。在装备、补给、火力等全方位落后于美国的情况下，中国人民志愿军灵活使用战略、战术，让美军尝到了极大的苦头，最终不得不在停战协定上签字。说抗美援朝战争是立国之战，不仅仅是物质意义上的，更是精神意义上的。从此之后，中国人民自1840年鸦片战争以来不再在精神上畏惧任何一个列强。也正如中国人民志愿军总司令彭德怀所说，此战过后，"西方侵略者几百年来只要在东方一个海岸上架起几尊大炮就可霸占一个国家的时代是一去不复返了"。今天，我们再去看抗美援朝战争的胜利，我们必须要说，这是中华民族勇于斗争、不怕牺牲精神的胜利，也是我党强大的组织、宣传、动员能力带来的胜利，更是当时全体中国人民上下同心、共抗强敌带来的胜利。

抗美援朝战争爆发70多年后，由于美国对中国实施遏制、围堵和打压，中美再一次走到了对抗的边缘。

从中国的角度来看，我们要重温抗美援朝的历史，要看到中国在目前中美博弈中是正义的一方的事实，坚定信心，克服崇美、恐美、畏美的心态，扛住美国的霸权冲击，用中华民族强大的韧劲和决心，用中国内部的安定团结，用中国蒸蒸日上的发展势头，用中国勇于斗争、善于斗争的精神，打破美国在中国将强未强的节骨眼上通过各种黑招、阴招、损招，打乱、中断中国发展进程的幻想，最终迫使美国采取更加务实、理性的对华政策，让中美关系尽可能回到相互尊重、互利共赢的轨道上来。

今天的中国，无意主动挑起跟包括美国在内的任何一个国家的战争。中国在崛起的过程中，没有走西方列强殖民、掠夺、战争的老路，而是坚持融入全球化，通过互利共赢的务实合作，去做大中国和全世界利益交融的"蛋糕"，最终实现中国和有关国家的共同发展。

今天的中国，深知和平的珍贵。但1840年鸦片战争以来的历史一再说明，和平并不会从天而降，只有一个真正有能力遏制战争的民族，才能享有真正的和平。中国一向是爱好和平的国家，一向不主动对外进行重大战争，这确实会让一些国家严重低估中国军事现代化的成果，以及中国运用军事力量捍卫国家利益的决心。但就像2020年中印边境冲突显示的那样，任何一个国家，都不要高估其相对于中国的军事优势，否则就会吃大亏。

就中美而言，我们相信双方都有强烈的避免战争的意愿。今天的中美，都是核大国，一旦爆发冲突，不仅会给两国和所在地区带来灾难，也会给全世界带来灾难。但我们必须看到，在美国国内长期存在一部分反华势力，他们一方面诋毁中国的发展道路，贬低中国的军事实力和决心，另一方面又屡屡产生要用军事力量讹诈、威胁中国的冲动。对此，我们不能不保持持久的警惕之心。

美国庞大的军工产业，对美国国内政治有着深远的影响。只要美国庞大的军工产业依然时刻在影响美国的国策，美国这个国家就有着一种内在的战争冲动。这是中美之间存在一定军事冲突风险的根本原因。

面对这种风险，我们应当保持中国一贯的态度，"我们不想打，但我们也不怕打"。我们也期待美国的执政者，有足够的智慧和理性，不把中美关系推向军事冲突。

在此，向长眠在朝鲜战场的中国人民志愿军烈士致敬，他们是年轻的前辈，他们是新中国最可爱的人。今天，对先烈们最好的怀念就是，每个人都安守本分，做好自己的事情，让我们的国家变得更强大、更美好。

祝我们伟大的祖国繁荣昌盛！

愿和平常在！

2. 孟晚舟案给我们留下的几点思考

2021年9月24日晚，有朋友告诉我，可以关注一下孟晚舟案的最新进展。

2021年9月25日凌晨，美国各大媒体报道了一个"重磅消息"：孟晚舟与美国司法部达成延缓起诉协议。这个协议的核心内容是：美国各方延期四年起诉孟晚舟；美国司法部放弃从加拿大引渡孟晚舟。

根据这一协议，孟晚舟可以立即结束此前在加拿大的"保释状态"，获得人身自由，可以随时回国。与此同时，美国司法部强调，针对华为的其他指控仍在进行中。

2018年12月至2021年9月，加拿大方面应美国方面要求，已经扣留孟晚舟超过1000天。华为从企业角度参与了这场旷日持久的国际诉讼；中国、美国和加拿大围绕孟晚舟案展开了一场旷日持久的国际外交斗争；三国民众、媒体则对孟晚舟案保持了持续的关注。

至此，孟晚舟案画上了句号。围绕孟晚舟案1000多天的各方博弈，现在终于暂时告一段落了，但此案给我们留下了几点思考。

如何评价孟晚舟案的结果？

孟晚舟顺利归国，是华为乃至中国的胜利。回望整个事件，自始至终，孟晚舟和华为都坚持了自己清白的基本立场，面对美国泼来的脏水，始终有理有据地加以抗争。孟晚舟事件正是美国霸权主义的反映，表现出美加如何打着司法的幌子，违反国际准则，对中国企业展开政治追杀。

虽然孟晚舟案暂时告一段落，但我们必须清楚的是：美国对中国高科技行业的打压不会就此停止；美国纠集盟友对中国的打压、遏制和围堵不会就此停止；美国和其他西方国家媒体对中国的污蔑和攻击不会就此停止。未来，中国的发展之路不会一帆风顺，中美博弈道阻且长，这是一场持久战。这是我们必须有的基本认识。

孟晚舟和华为最应该感谢的是谁？

毫无疑问，孟晚舟和华为最应该感谢的是坚定捍卫中国公民合法权益、敢于跟美国霸权坚持斗争的中国政府，以及千千万万高度关注此事的中国民众。

孟晚舟案自始至终就是一起政治案件，美国和加拿大无论用什么样的司法遮羞布，都掩盖不了这一基本事实。对于这样的政治案件，司法交锋只是表面上的斗争，在表面之下，这是一场全世界瞩目的外交斗争、政治斗争和舆论斗争。

中国外交部、相关驻外使领馆，以及其他有关部门和团队，为了孟晚舟案，做了大量的努力。可以看到，孟晚舟的背后，是一个站起来的强大中国。

孟晚舟案，是外交为民、外交捍卫国家利益的最新写照。

孟晚舟能回到国内，是因为她背后的国家叫中国。

华为做对了什么？

在孟晚舟被扣押的1000多天时间里，明面上的司法战和背后的外交战、舆论战一直在持续进行。华为在将外交战、舆论战交给国家的同时，从企业角度出发，坚持走司法程序，坚持用美国和加拿大社会都听得懂的语言进行沟通，没有诉诸民族主义情绪，这是一种理性、务实和充满智慧的选择。

孟晚舟案对中国企业的启示是什么？

我们都相信此案对华为的冲击非常大。

在中美博弈的大背景下，不管华为如何给自己定位，在美国人的眼中，华为就是中国高科技的代名词，美国要打压、遏制、围堵中国，就必然会打压华为。

在新的全球政治格局下，"商业即政治"。

时至今日，美国仍在全球各地污蔑华为、污蔑中国，强行禁止其他国家使用华为的5G网络。这是美国打压、遏制、围堵中国的一部分，也是美国维护其自身霸权的一部分。

对于所有的中国企业来说，不要幻想可以通过撇清自己跟中国的关系，去换取美国的"高抬贵手"。这是不可能的。

所有的中国企业都要有勇气、有智慧对全世界说清楚："是的，我们是一家来自中国的企业，我们在任何国家和地区的经营都会严格遵守当地的法律、法规，我们不会损害我们任何客户的利益。"

如果美国等西方国家依然戴着有色眼镜看待中国企业，我们要做的不是急于撇清跟中国的关系，而是要堂堂正正地告诉它们：我们是遵纪守法的企业，美国等西方国家违背自己宣称的市场原则，用地缘政治和意识形态的手段处理市场经济问题，这是可耻的。

孟晚舟案对中国的启示是什么?

在孟晚舟案中,我们可以清楚地看到,中国企业和中国国家的利益是高度一致的。当中国企业在国际社会受到不公正待遇时,中国就会用国家的力量捍卫它们的合法权益。这在本质上,是捍卫中国人民的利益,更是捍卫中国的国家尊严。

对于中国企业来说,一定要跟国家同心同德,保持沟通与信任。企业可以没有国界,但企业家都有国籍。中国企业要用中国的国家品牌为企业品牌背书,更要用良好的企业品牌为中国的国家品牌贡献力量。

中国需要在一次又一次的"孟晚舟案"中,确立起美国等西方国家跟中国企业打交道的规则。"中国企业"这个标签是一种强大的资产。任何国家如果因为"中国企业"这个标签对中国的企业和公民进行野蛮打压,中国都会作出合理、合法的反应,都会让一意孤行的国家、机构和个人付出应有的代价。

美国为何放弃引渡孟晚舟?

无论是特朗普政府悍然教唆加拿大扣留孟晚舟,还是拜登政府放弃引渡孟晚舟,都是美国在中美博弈的大背景下,为了维护其国家利益做出的选择。美国的政客和司法系统,本质上没有任何变化。

美国放弃引渡孟晚舟,至少出于以下三种考虑。

第一,孟晚舟案的司法理由确实不够充分。

第二,特朗普政府当年发起孟晚舟案时幻想以此打击华为、打击中国高科技行业,这个计划已经流产。华为是一个强大的组织,不管有没有孟晚舟,华为都可以持续、稳定地运营。不管华为今天面临多大的困难,任何人都无法阻挡中国科技进步、产业升级的步伐。

第三,拜登政府希望了结孟晚舟案,释放一定的善意,给接下来中美各层级战略、经贸磋商创造条件。

对于中国来说，拜登政府了结孟晚舟案，这本来就是其应该做的，这是纠正错误，不是给中国恩惠。美国和加拿大释放孟晚舟，扫清了中美、中加关系发展中的一个障碍，但这不构成中美博弈中美国的重大让步，这一点必须让拜登政府清楚。

中加关系将如何发展？

孟晚舟案，可以说是加拿大政府近年来犯下的最严重的国际外交错误。加拿大明显高估了美国政府的诚信度，也低估了中国政府捍卫中国企业和中国公民合法权益的决心。

实际上，美国对很多国家都提出过扣留华为高管的要求，但只有加拿大顺从了美国的要求。这既是由于加拿大、美国同属"盎格鲁－撒克逊种族同盟"，也是加拿大在外交上犯幼稚病的结果。

中加关系将如何发展，关键看加拿大的态度。如果加拿大继续跟随美国攻击、污蔑中国，参与打压、遏制、围堵中国的行动，中国不会坐视不管，以后的中加关系也不会好到哪里去。如果加拿大愿意保持一定的战略自主权，理性看待中国的发展，中国也不会故意跟加拿大为敌。

如何看待华为？

华为目前面临非常大的困难，这是事实。美国在芯片领域对华为的重重封锁，对华为的通信业务，特别是5G业务，造成了非常大的影响。

国内民众对华为的支持和热爱，可以理解，但其更应该做的，是保持理性。现在很多营销号，动辄高喊"厉害了，我的华为"，制造了很多虚假信息，这是要不得的。

对华为最好的态度就是，让华为去干它自己应该干的事情。如果中美能够通过全面的磋商，解除或部分解除对华为的封锁，那是好事。如果美国继续全面封锁华为，那也没什么，从长远看，所有的事情都会是好事情。美国对华为的封锁，已经坚定了中国在核心零部件和原材料方面解决"卡脖子"问题的决心。从过往的历史看，对于科技和产业中最薄弱的环节，中国只要下定决心，早晚都是可以加强的，从汽车发动机，到航空发动机，都是如此，芯片同样如此。现阶段，任何自媒体宣称中国已经解决芯片难题，都是在胡说八道。另外，当前的硅基芯片制程已经接近物理极限，或许在下一代芯片架构、设计、材料和制程上，中国能取得一些新的突破。让我们共同期待吧！

3. 中美博弈是一场持久战，我们需要保持平常心

中国外交部发言人华春莹2021年11月13日宣布：经中美双方商定，中国国家主席习近平将于北京时间2021年11月16日上午同美国总统拜登举行视频会晤，就中美关系和双方共同关心的问题交换意见。此次视频会晤不仅受到了中美两国舆论的高度关注，也受到了世界舆论的高度关注。

中美关系作为当今世界上最重要的双边关系之一，其意义和影响已经超出了双边范畴，具有广泛的全球色彩。但是，此时此刻，我们也要清醒地看到，中美关系中的很多结构性矛盾依然存在。特别是美国，对于到底如何答好中美关系这道"必答题"，还有很多纠结、矛盾的地方，还没有真正给出坚定、一致和积极的答案。

在这种情况下，美国的对华政策显现出明显的"两面性"：一方面，美国面临"内忧外困"的局面，要解决任何一个重大的国内国际问题，都需要跟中国进行协调与磋商；另一方面，美国为了维护其自身霸权，遏制中国发展的内在冲动依然存在，仍时不时在很多方面对中国搞一些小动作，玩一些小花招。

中美博弈将是一场持久战。面对中美关系中的起起伏伏、波波折折，

我们要有一颗平常心，既不要因为中美关系中一时出现的问题而慌张、沮丧，也不要因为中美关系中一时出现的进展而狂喜、松懈。对于中国来说，任何时候，最重要的依然是踏踏实实做好自己的事情。我们坚信，放在历史的长河中看，中美博弈，时与势都在中国一边。

接下来，结合国内外舆论比较关注的问题，我分享一下自己对中美关系的一些观察和思考。一家之言，仅供参考。

中美为什么要举行元首视频会晤？

中美关系错综复杂。拜登政府上台后，双方外交团队进行了一系列"交手"。从美国的阿拉斯加到中国的天津，从瑞士的苏黎世到意大利的罗马，中国不断阐明对发展中美关系的基本原则、立场，对美国消极、错误的做法提出了交涉和批评。

当前，中美关系要继续向前发展，需要中美两国元首的高层引领与指引。

在疫情之下，由于不能举行面对面的峰会，视频会晤可以被看作中美元首外交的一种特殊安排。

可能会有很多人关心，这次视频会晤，到底是谁主动？有一个网络段子很能说明问题——谁加班，肯定就是谁主动。实际上，也可以说，谁加班，肯定就是谁更有求于对方。2021年11月16日的中美元首视频会晤，时间是北京时间上午，美国当地时间晚上，这种安排应该不是巧合。对于美国来说，高通胀、供应链危机、能源价格飙升等各种问题层出不穷。美国确实希望通过这次会晤，达成一些积极成果，从而有利于美国解决自己内部的一些问题。

今天的美国，就像一个特别缺乏安全感的人，面对中国的发展，表现出了一种焦躁、慌乱和矛盾的心态，在中美关系上东冲西突、胡乱"出拳"。反观中国，在中美关系上一直保持原则坚定、立场清晰。中国一直强调，中美应相互尊重、互利共赢，希望中美关系早日回到健康、稳定的发展轨道上来。对于中国来说，经过此前跟特朗普政府的斗争，以及跟拜登政府打交道的9个多月，在中美博弈中已经越来越有信心，表现得越来越淡定。美国要谈，中国当然随时欢迎。但既然要谈，美国就要拿出诚意，为中美元首视频会晤创造良好的氛围。

中国会不会被美国"蛊惑"，为了搞好中美关系，放弃原则去满足美国的一些不合理要求？

过去几年，中美关系起起伏伏，有激烈的斗争，也有不时的对话与磋商。

针对此次中美元首视频会晤，国内有部分民众担心，中国会不会为了搞好中美关系而放弃原则，去满足美国的一些不合理要求。

我想跟大家说的是，这是绝对不可能的。中国的大国外交，无论是决策层，还是执行层，都高度专业，且具有很强的战略性和前瞻性。中国自始至终对于美国都有着非常清醒的认识，对美国并不抱有任何幻想。中国搞好中美关系，从根本上来说，还是为了给中国的继续发展创造一个有利的国际环境，并通过中美务实合作，为两国人民乃至世界人民谋福利。但中国绝对不会为了搞好中美关系而搞好中美关系，更不可能为了搞好中美关系而放弃自己的原则。更何况，在今天的中美关系中，着急的是美国，不是中国。

从2018年美国对中国单方面发起贸易战以来，中国"越打越精神"，各方面发展越来越好，中国此时此刻更没有"讨好""逢迎"美国的任何必要。

同时，中国在中美关系上的态度是开放的、积极的。在相互尊重、互利共赢的基础上，中国当然愿意跟美国在一些具体的问题上进行磋商、达成一致。但大家可以放心，中美之间达成的任何协议，一定会满足一个先决条件——它肯定是符合中国国家利益的。

美国对华政策接下来会发生根本性转变吗？

如前文所说，中美博弈是一场持久战，中美之间的结构性矛盾依然存在，到目前为止，美国并没有要改弦更张、彻底改变对华政策的迹象。

从某种程度上来说，中美博弈仍处在早期阶段。特别是美国这一方，对于该发展一种什么样的中美关系，缺乏共识、缺乏定论、缺乏决心。美国在对华关系上整体依然是矛盾的、纠结的。美国接下来的对华政策依然很可能延续现有的"矛盾性"，呈现出明显的"两面性"。对此，我们需要做好心理准备。

拜登政府的对华政策成效到底如何？

拜登执政以来，美国对华政策一直处在不断演变之中。一开始，拜登政府实际上是推行了"没有特朗普的特朗普政策"。在拜登政府执政的前几个月，美国继续坚持贸易战，同时在台湾、涉疆、涉港、"人权"等各种问题上，对中国发起了一轮又一轮的猛攻。与此同时，拜登政府提出了所谓的中美关系"三分法"，希望用"竞争、合作、对抗"来定义中美关系。

在国际上，拜登政府还想纠正特朗普此前丢开盟友单干的做法，希望建立起广泛的美欧日反中统一战线。

但是，美国这样做并没有占到什么便宜。整体上来看，中美两国的发展态势呈现出明显的分化。中国仍保持着经济、社会积极向上的势头，而美国则面临国内党争不断、社会极化持续等问题，近年来出现的高通胀、供应链危机等更是让美国应接不暇。

此外，美国组建反华同盟的收效也不大。除了最核心的"五眼联盟"国家（新西兰除外）、日本等，美国最希望争取的欧盟国家，并没有在反华问题上对美国亦步亦趋。从东南亚到中亚，从非洲到南美洲，世界上绝大多数国家对于跟随美国发动针对中国的"新冷战"都不感兴趣。

美国在中美关系中提出的"三分法",也被中国直接拒绝。中国的态度很明确:中美关系只有相互尊重、互利共赢一条路。美国幻想一方面在"竞争与对抗"的幌子下伤害中国,另一方面又要求中国在"合作"的旗号下,配合美国的国家利益,这简直是一种"精神分裂"的做法。

拜登政府执政后,一通组合拳打下来,不仅没有让中国屈服,反而将中美关系推向非常危险的境地。这个时候,拜登政府又开始有所回撤,提出要给中美关系装"护栏"、"不打新冷战"等口号。这也充分说明,拜登政府的对华政策是无效的,是不成功的。

美国如果真的想要建立一个稳定、健康的中美关系,真的想要解决国内外的众多难题,就必须对其对华政策进行一定程度的调整。

美国到底想在中美关系上做什么文章?

在中美关系中,现阶段美国有一个压倒一切的底层逻辑,那就是要继续维护美国的自身霸权,遏制中国的发展。这一点,无论是特朗普,还是拜登,都没有对之进行本质性的改变。

但是,无论是2018年单方面对中国发起贸易战,还是此后断断续续对中国发动科技战、舆论战,美国始终没能在中美博弈中占到什么便宜。美国当前实际上处在一种极度想遏制中国,但现实中发现自己又没有能力遏制中国的巨大矛盾中。

在这种情况下,美国只能对中国展现"两面性"。一方面,美国继续对中国玩一些小花招、小伎俩;另一方面,又希望跟中国进行一些合作。

对于美国的"两手",中国看得非常清楚,而且也必然会以中国的"两手"去应对美国的"两手"。

中美谁掌控着双边关系的主导权？

曾几何时，在中美关系中，美国一直是"出牌"的那一方，中国一直是被动应对的那一方。时至今日，通过过去几年的中美博弈，我们已经可以清楚地看到，中美关系的主导权正在从美国逐渐转向中国。

出现这一情况的根本原因在于，中美两国的发展态势出现了此消彼长的根本性变化。美国在一个欣欣向荣、不断发展的中国面前，已经逐渐失去了对中美关系发展方向的定义权、掌控权、塑造权。

在今天的中美关系中，美国就像一个东冲西突的莽汉，中国则给它划定了明确的边界。美国在不断碰壁、不断遭到挫折之后，最终一定会发现，回归中国设定的相互尊重、互利共赢的原则，才是对中美两国都有利的选择。

美国提出中美要负责任地管控分歧，葫芦里究竟卖的是什么药？

拜登执政以后，在中美关系上发动了很多的攻势，特别是在台湾问题上一再在红线边缘进行试探，有将中美关系推向对抗甚至是冲突的可能。

但毫无疑问，任何一个理性的美国政客都非常清楚，美国要跟中国这样一个核大国发生冲突，后果是不可想象的。这不仅会让中美两国都面临灾难性的影响，也会让世界其他各国面临灾难性的影响。

美国最近提出，要负责任地管控中美之间的竞争与分歧。美国的这种表述，听起来冠冕堂皇，实际上，也可以理解成，美国希望在它认为合适的地方对中国发起攻击，损害中国的利益，但同时幻想中国不要作出过度反应，不要让中美关系失控。这种提法，跟美国之前提出要给中美关系"装护栏"是一个道理。

"护栏"一定要有，但这种"护栏"必须基于双方的底线和原则，绝对不是说美国可以一通乱来，而中国必须在"护栏"内行动。

天底下哪有这样的"好事"？

美国将在台湾问题上打什么牌？

最近，中美关系紧张，跟美国大打"台湾牌"有关系。

美国在台湾问题上打的算盘很简单，就是希望利用中国台湾遏制、敲诈中国政府。过去几年，蔡英文和民进党抛弃"九二共识"、丢掉一个中国原则，并对"一国两制"极尽抹黑、攻击之能事，企图"以武谋独"，这是当前台海局势升温的根本原因。

美国非常担心中国彻底解决台湾问题，因为这不仅会把台湾这张牌变成废牌，也会给美国的国际声望和形象带来巨大损害。

但美国的选择不是去约束民进党等"台独"势力，反而跟民进党等"台独"势力加紧勾连，眉来眼去，一再向"台独"势力发出错误的信号。美国必须清楚，幻想通过鼓动日本、澳大利亚来威慑中国，或者幻想通过加大武装台湾的力度来吓阻中国，都不可能得逞。台湾问题涉及中国的主权和领土完整，中国绝对不会退让。如果美国的错误政策对"台独"分子形成鼓动，美国必将为自己的错误举动付出代价。

在中美关系问题上，谁的格局更大？

美国看待中美关系，主要着眼点还是如何维护美国的霸权，本质上是一种自私的视角。但实际上，从全球来看，很多国家对美国出于维护自身霸权的一己私利来发动"新冷战"、遏制中国并不感兴趣，特别是东南亚很多国家都明确表示，不愿意在中美之间选边站队。

相反，很多国家都希望，中美能够解决分歧，引领全球各国共同应对当前人类社会面临的各种挑战，从新冠疫情到气候变化，从经济复苏到供应链稳定。

今天的中国，在看待中美关系时，除了双边视角，更是从全球道义的高度出发，明确表达了希望跟美国携手，应对全球性挑战的态度。这才是真正的大格局、大视野。

反观美国，别看它自我标榜、自我吹嘘得非常起劲，但在具体的政策上，今天的美国缺乏世界头号大国的担当，更缺乏继续引领全人类往前走的自信，而是一直陷在纠结美国会不会输、美国霸权能不能延续的"小九九"里，格局完全没有打开。

我们对中美关系应该有什么样的长期期待？

2018年，美国单方面发起对华贸易战，这可以被看作中美21世纪博弈的一个起点。经过过去几年的较量，中国不仅扛住了美国的"乱拳"，站稳了脚跟，而且对美国的实力及自己的实力，有了更全面的认识。

如果说，几年前，中国还有很多人担心美国的全面打压会不会压垮中国的话，今天的中国民众整体上更加自信，对中美博弈的长期结果抱有一种谨慎的乐观态度。今天，绝大多数中国人都会认同：我们不能妄自尊大，但我们也绝对不会盲目崇美、畏美。

在中美博弈中，美国是搞霸权的一方。美国想遏制14亿多中国人，不想让中国人发展自己的国家，不想让中国人追求更美好的生活，这是一种极其自私、极其不道德的行为。

在中美博弈中，中国毫无疑问是正义的一方。现在的中国，比2018年的中国更有底气。在中美博弈中，中国一直不想"打"，但中国也一直不怕"打"。如果美国在中美关系中作出正确的选择，这对两国人民、对世界人民都是一件好事。但如果美国在中美关系中作出错误的选择，中国也会继续向前发展，最终美国必将为自己犯下的历史性错误追悔不已。

4. 从中华优秀传统文化中汲取营养，真正讲好中国故事

自中共十八大以来，我们一直面临如何向世界讲好中国故事的巨大挑战。讲好中国故事，不仅仅要做好有关中国正能量的宣传，还要向全世界说清楚，中国发展道路和发展模式具有内在的正确性和外在的强大生命力，进而构建当代中国政治传统在理论、实践和道德上的完全合法性。

改革开放之后，我们试图用中国特色社会主义这个概念，来完成这一历史使命。

应该说，中国特色社会主义本身是一个非常好的概念，它坚持实事求是、与时俱进，因而具有强大的生命力和无限的延展性，可以将当代中国发展中积累的一切优秀理念和实践，全部纳入其中。中华优秀传统文化自然也可以被囊括其中。

今天的中国，有没有可能，用一种深深根植于中华优秀传统文化的话语体系和话语方式，来讲好中国故事呢？

这是一个值得探索和思考的问题。

从本质上来说，要论述清楚中国发展道路和发展模式的合理性、合法性和优越性，就是要做到：在国内，激发民众对当代中国选择的发展道路

和发展模式的认同；在国外，回应和击退西方舆论对当代中国选择的发展道路和发展模式的攻击。

在讲好中国故事的过程中，我们可能需要一种更开放、更多元化的视角，包括对中国历史悠久的传统文化和传统思想再认识、再思考和再借鉴，特别是对于儒家文化这个曾支撑中华文明领先世界的丰富思想宝库，我们需要进行现代化的、批判性的继承和发扬，需要找到儒家文化与现代国家、民族、政权、人民等概念，以及与现代政治伦理、政权合法性、治理体系和治理方式等的连接点，重构中国发展模式的内涵和外延，重构讲好中国故事的话语体系和话语方式。

今天，中国的社会学、政治学研究，千万不能言必称西方。

西方在宗教改革和文艺复兴后形成的个人主义传统，进而演化出的现在的西方式"自由民主加市场经济"，有其合理性，但这并非放之四海皆准的真理。

由于西方过去几百年来在工业革命和现代化方面取得了巨大成功，以及这种成功相对于非西方世界具有"高维优势"，不少人误以为，西方式"自由民主加市场经济"，是人类文明的"终极形态"。要讲好中国故事，必须首先打破这种思维定式。

要讲好中国故事，构建关于中国发展道路和发展模式的话语体系和话语方式，需要重新建立起对中国传统的文化自信。

中国在晚清遭遇"三千年未有之变局"，依据儒家文化建立起来的政治制度和经济制度，遭遇西方工业化之后的成果——坚船利炮的打击，显得异常脆弱。从洋务运动到戊戌变法，再到五四运动，一代代中国仁人志士救国图存，吸收了大量西方的思想。有人据此认为，只有西方的才是好的，"言必称西方"，甚至完全摒弃中国的传统文化和传统思想。

这种思想观念的形成，有其历史的原因。但时至今日，随着当代中国在世界舞台上再一次崛起，我们有了重新审视中国传统文化和传统思想的机会。

中国在晚清的落后，主要是一种物质力量和制度的落后，而非思想和民族性的全面落后。我们应该看到，在人类文明发展的绝大多数时间里，中华文明都处于领先世界的地位。19世纪中期以来，西方列强用工业革命创造的物质优势（坚船利炮）和制度优势（现代民族国家治理体系），让中国陷入100多年的屈辱历史。从中国物质力量和制度的落后，反推出中国精神文明的全面落后，显然是一种矫枉过正。今天，我们恢复文化自信，就是要对这种矫枉过正的做法进行一种修正。

中国丰富、灿烂的历史文化遗产，特别是儒家文化，其中必然有合理、科学、积极的成分。比如，《大学》中提到了修身齐家治国平天下的思想；孟子说，养浩然正气；《荀子》中说，水能载舟，亦能覆舟；张载说，为天地立心，为生民立命，为往圣继绝学，为万世开太平；顾炎武讲天下兴亡，匹夫有责……

中华民族的伟大复兴，一定是物质和思想的全面复兴。如何在文化自信大旗的指引下，从中华优秀传统文化中汲取国家和民族发展的灵感和经验，是当前和今后几代中国人需要思考的问题。

就眼下来说，在东西方话语权的争夺中，中国必须用更加有效、根植于中华优秀传统文化的思想、概念和价值判断，去重构中国发展道路和发展模式的话语体系和话语方式，从根本上讲好中国故事。期待中国的广大知识分子在这方面有更大的作为。

5. 中国即将通过"历史的三峡"

所谓"历史的三峡",是指中国自传统社会向现代化社会的转型过程中的历史关口。在渡过这一历史关口时,中国遭遇美国的全方位围堵、遏制和打压,中国发展的历史进程存在被中断的风险。

从2018年3月美国单方面对中国发起贸易战以来,经过几年的博弈,中国越来越心里有底,不仅站稳了脚跟,而且维持了发展势头,整体没有受到太大影响。长期以来,中国上下都对美国的全方位围堵、遏制和打压心中不是特别有数,但过去几年的经历就像一场国家发展的大型"压力测试",中国扛住了各种压力,继续前进。

与此同时,美国则在内忧外困中面临非常大的不确定性和风险。

首先,拜登政府既不像当初一些人期待的那样"好",也远远不像当初很多人想象的那样"强"。

拜登上台以来,重拾美国传统盟友外交,努力组建美欧日对华统一战线,确实一度令人非常担忧。但目前可以明确地说,拜登政府在对华关系上没有占到任何便宜,特朗普用"七伤拳"达不到的目标,拜登用"伪君子拳"同样达不到。

其次，拜登政府在对华关系上经历了初期的"三分法"之后，进入了一个"迷茫期"。

拜登上台后高调宣称，"美国回来了"，但过去几个月他却发现，虽然"美国回来了"，世界却早已经大不一样了。

美国在组建反华统一战线方面并不算十分成功，坚定跟随美国的只剩下英国和澳大利亚两个国家。在亚洲，日本和"台独"势力依然在蠢蠢欲动，但整个东南亚，美国完全撬不动。在美国的传统盟友区欧洲，德法在对华关系上也明确表示不会跳上美国激烈反华的战车。

拜登政府此前几个月激烈的反华举动包括掀起针对中国的声势浩大的舆论战，但无论是在涉港、涉疆、台湾问题上，还是在其他问题上，美国能拿到的实际好处并不多，能获得的优势很少。

美国的"三分法"也在中国碰了一鼻子灰。中国的三条底线和两份清单，让美国意识到，如果不对中美分歧加以管控，美国根本无法同中国合作，甚至有可能将中美推向冲突。

接下来中美关系到底要往哪里走，美国也需要好好经受一下"灵魂拷问"。

过去几年，中国经历了特朗普和拜登两任美国总统的各种打压，但现在看来，无论是特朗普还是拜登，都不过是中国发展路上的试金石而已。经过他们的"压力测试"，中国更加清楚地看到了自己的长处。

2018年至2021年见证了中国民众中的一场认知革命。在这场认知革命中，美国光鲜亮丽的外衣被撕得七零八碎，美国的制度神话破碎，中国民众的道路自信、理论自信、制度自信、文化自信达到了一个空前的水平。

今天，越来越多的中国人开始摆脱美国和其他西方国家长期以来制造的话语陷阱，开始实事求是地看待中国的长处和短板。在这种背景下，一直明里暗里鼓吹"外国的月亮比中国圆"的"公知"，则接近于信誉破产。

在这场认知革命过后，14亿多中国人会更加坚定自信，保持定力，保持耐心，继续沿着中国式现代化的发展道路不断向前。

回顾中美博弈几年来的发展，中国最大的心得应该还是那句老话——"踏踏实实办好自己的事情"。

中国在"踏踏实实办好自己的事情"的过程中，以开放对抗美国的保护主义，以多边主义对抗美国的单边主义，以互利共赢对抗自私的"美国优先"，以负责任的大国担当对抗美国的"退群""甩锅"，以国内的团结、稳定对抗美国的党争、内耗。这些都是令中国在中美博弈中处于优势的宝贵经验，值得中国继续坚持下去。

中国于2021年明确提出申请加入《全面与进步跨太平洋伙伴关系协定》（CPTPP）。可见，中国开放的脚步并没有停止，未来中国还将与世界各国继续做大互利共赢的"蛋糕"，通过利益的深度融合，去塑造对中国更加有利的国际环境。

在内部方面，我们还是需要继续消除各种风险因素。

中国加大互联网行业的监管力度、推动共同富裕等政策，总体都得到了民众的支持，后续需要控制好政策出台和实施的节奏、力度，避免在解决旧问题过程中产生新的问题。

此后，中国可以进一步加强对社会热点舆情事件的处理和应对，不断增强民众和政府之间的理解、信任。在这个过程中，需要掐灭部分企业、群体和个人利用舆论干扰司法进程的苗头，坚决做到依法治国。

中国在今后一个时期内，需要更加坚定地反对民粹。

民粹在中国是一个相对新的概念。在现阶段，民粹主要体现在三个方面：第一，在中美博弈中，部分人走极端，把对美、对日斗争导向盲目排外；第二，在加强监管的过程中，部分人对国家政策产生误解、误读、误判，重提阶级斗争等意识形态概念，煽动极端情绪，激化社会对立；第三，在市场经济快速发展的过程中，部分人出现反市场化的情绪。

改革开放是扭转当代中国命运的关键一招，国家深化改革、扩大开放的方向不会变。市场和调控都是资源配置方式，既要充分利用市场在激发创造活力方面的作用，也要通过调控解决市场失灵的问题，平衡好不同群体之间的利益分配，真正做到兼顾效率与公平。

从中国的角度来看，在"十四五"期间，中国有望初步进入高收入国家行列，也有望基本跨过困难重重的"中等收入陷阱"。此时此刻，我们更要戒骄戒躁、稳扎稳打，不要盲目自大，也不要妄自菲薄。

从中美博弈的角度来看，还是那句话，"风物长宜放眼量""任尔东西南北风"。

反观美国，四年特朗普，四年拜登，经过反复折腾，美国非但没能解决国内的阶级矛盾、种族矛盾和意识形态矛盾，也没能真正"扼杀"中国。整体来看，中国即将通过"历史的三峡"，完全脱险值得期待。

第八章 他山之石：他国现代化历程对中国的启示

1. 阿富汗"百年悲剧"对当代中国的启示

《追风筝的人》作者卡勒德·胡赛尼在其另一部关于阿富汗的著作《群山回唱》中曾经写道，阿富汗是一个每平方英里*都有一千个悲剧的地方。

就在中国五四运动爆发的同一年，阿富汗打败了英国占领军，实现了民族独立。但获得民族独立后的100多年间，阿富汗国家的建设和发展，就像陷入了一个超长的噩梦，历经百般折腾，却无法真正醒来。

时至今日，阿富汗依然是全世界最贫穷、最落后的国家之一，现代化的元素只在少数大城市中出现，广袤的山区、农村依然受到非常传统的宗教、部落势力影响，整体上呈现出一种前现代化的形态。

同中国一样，阿富汗的现代化之路也经过了种种探索。全盘西化的道路走不通，苏联模式的道路同样走不通。

1994年兴起的塔利班，希望从传统的极端政教合一模式中找寻结束阿富汗苦难、实现现代化的方式，这其实是一种没有选择的选择。塔利班1996年首次执政，曾在全世界的关注下炸掉了举世闻名的巴米扬大佛，在妇女受教育等问题上开历史倒车，引发了极大反感。

---

* 1平方英里约合2.59平方千米。——编者

25年后，塔利班再度执政。2021年7月，中国国务委员兼外交部长王毅与塔利班代表团在天津会晤，曾对其进行劝告："希望阿富汗塔利班以国家和民族利益为重，高举和谈旗帜，确立和平目标，树立正面形象，奉行包容政策。"

2021年8月，塔利班兵临喀布尔城下，没有血腥屠城、没有疯狂报复、没有烧杀劫掠，展现了很强的政治性、纪律性和战略性，显示其准备以一种更温和、更负责任的态度，在阿富汗全国接掌政权。但塔利班治下的阿富汗到底能不能结束国家发展的"百年悲剧"，依然是一个未知数。

在塔利班进入喀布尔之后，美国仓皇撤退，喀布尔国际机场发生了人间惨剧。大批阿富汗人拖家带口，希望赶上美军的最后一趟飞机。美军直接开枪打死了多人，还有阿富汗人抱着飞机轮胎升空，后来从高空坠亡。这些极其混乱、恐怖和血腥的场面，对中国人的震撼是非常大的。

很多人慨叹，都已经21世纪了，竟然还有这样的悲剧发生！新中国成立70多年，特别是改革开放40多年以来，中国式现代化之路总体非常成功。我们已经习惯了和平、稳定和繁荣的社会环境，很多人误以为这才是世界的常态，但其实根本不是。放眼世界，在今天的南亚、中东、非洲、拉美，在探索现代化之路上陷入困境的国家比比皆是，很多时候，混乱、倒退、停滞才是这些国家的常态。

很多年以来，我们很容易相信美国的那一套说辞，仿佛只要相信了美国的"自由、民主、人权"那一套，国家发展就会蒸蒸日上。这是一种极其片面的认知。

每个国家都有自己的国情，必须探索出适合自己国情的发展道路，照抄照搬其他国家的发展模式，必然不会成功。阿富汗在过去的100多年间，照抄照搬西方模式，失败了；照抄照搬苏联模式，依然失败了。美国2001年入侵阿富汗，希望树立一个"美式民主"标杆，但美国纯靠军事和经济援助，将一个本没有全国执政基础和执政能力的势力推向了阿富汗执政地位，最后的结局不过是又一场"兵败如山倒"。

见阿富汗即将"变天"，时任美国国务卿布林肯主动给王毅打电话，说中美在维护阿富汗局势稳定上有着共同的利益，但王毅也没有客气，直接挑明了美国在阿富汗失败的根本原因。王毅表示，事实再次证明，把外来模式生搬硬套到历史文化及国情截然不同的国家水土不服，最终难以立足。一个政权没有人民支持是立不住的，用强权及军事手段解决问题只会使问题越来越多。这方面的教训值得吸取。

美国长期把自己信奉的"自由民主加市场经济"模式，视为解决所有国家问题的灵丹妙药。但过去几十年，美国在全世界推行这套模式的时候，失败的是绝大多数，成功的是极少数。

中国网络上曾经流传过一句话，大意是，跟美国关系好，国家就能发展得好；跟美国关系不好，国家就发展不好。这句话是极其片面的，当美国是国际体系的主要建设者和维护者的时候，与美国保持正常的交往，避免美国的全面打压、遏制和包围，是国家发展的基础条件之一；但仅仅是跟美国搞好关系，没有一个强有力的领导核心，不能在全国范围内建立稳定的社会秩序、统一的国内大市场，国家依然发展不好。拉美的很多国家，跟美国关系非常好，但是它们的发展前景并不乐观。疫情期间，巴西的"特朗普"博索纳罗，高举民粹大旗，反科学，导致巴西成为全世界疫情最严重的国家之一。病毒肆虐，巴西举国上下哀鸿遍野，令人扼腕。

阿富汗的乱局，对于14亿多中国民众来说，同样是一堂生动的国情教育课。新中国成立70多年来，我们也走过一些弯路。但值得庆幸的是，我们总是在最关键的时刻，作出总体正确的选择，才有了今天中华民族伟大复兴的大好局面。在这当中，坚持中国共产党的坚强领导和坚持走中国特色社会主义道路，是中国作为一个国家，在现在和以后不断走向成功的两个最关键因素。

过去几年，我们目睹了美国的很多制度性危机，也目睹了世界上很多国家发生的乱局，这让我们对中国的道路自信、理论自信、制度自信和文化自信有了更深刻、更生动的认知。

总结中国式现代化之路，取得成功的主要原因，就是在中国共产党的领导下，坚持走中国特色社会主义道路，从方法论上说，就是坚持实事求是、与时俱进。今天的中国式现代化之路，进入了深水区。随着中国的制度探索逐渐走到了全世界的前沿，需要我们始终坚持实事求是、与时俱进，以化解中国社会面临的重大现实问题为抓手，推动中国式现代化之路不断往前延伸。

在目睹了阿富汗的人间惨剧后，14亿多中国人更应该珍惜今天中国来之不易的大好局面。"宁为太平犬，莫作离乱人"，生动地刻画出了遭逢乱世百姓的痛苦心情。阿富汗的悲剧，也印证了这一点。

我们应该庆幸，今天的中国不是阿富汗，但我们依然要时时刻刻保持警惕。今天的中国社会，也有无数的危机和风险，我们不能躺平睡大觉。

对于个人来说，我们一定要有"空谈误国，实干兴邦"的意识，减少无谓的争论，每个人都踏踏实实把自己的事情做好。

2. 冷战后"战斗民族"发展历程给中国的启示

苏联解体之后，俄罗斯国家发展面临很多挑战，甚至从某个角度来说，俄罗斯迄今为止也没有从苏联解体的悲剧中走出来。俄罗斯在国家发展和处理与美国等西方国家的关系上，也给了中国很多的启示。

1991年12月，苏联解体，此后俄罗斯一度采取了非常激进的"西化政策"，其核心是市场化和私有化，主要由美国控制的国际货币基金组织开出药方，这种国家转型策略也被称为"休克疗法"。

但非常可悲的是，接受了"休克疗法"的俄罗斯陷入了前所未有的经济动荡和混乱，国有资产大量流失到私人寡头手中，外国资本也从中获益很多，但国内民众生活水平急剧下降。

俄罗斯经济发展的混乱状况，致使俄罗斯经济稳定性急剧下滑，难以抵抗外来的经济风险。在1997年亚洲金融危机、2008年国际金融危机、2020年新冠疫情带来的全球经济衰退中，俄罗斯每次都难逃厄运，经济大幅下滑。俄罗斯卢布对美元的汇率，近年来也总体处于低位，十几年来，跌幅超过50%。据测算，到2020年，俄罗斯以美元计算的名义GDP约为1.5万亿美元，在全世界只能排在第11位，甚至比意大利、加拿大和韩国还低。

而中国2020年GDP总量以人民币计算突破100万亿元大关，以美元计算，约为14.7万亿美元。即便是中国广东省的GDP，也约有1.6万亿美元，超过了俄罗斯全国。

2020年，俄罗斯人口接近1.5亿，中国人口大约为14亿。中国人均GDP约1.1万美元，而俄罗斯则约为1万美元。换句话说，即便是以人均GDP来衡量，人口众多的中国，其发展和富裕程度，也超过了俄罗斯。

年纪大一点的中国人，都知道苏联曾经是中国的"社会主义老大哥"，也知道苏联是曾经仅有的可以跟美国抗衡的"超级大国"。但对于"00后""10后"来说，俄罗斯是一个欠发达、相对贫穷的国家。

俄罗斯经济发展势头的相对疲软，部分原因在于其自身经济结构的缺陷。从苏联时期开始，俄罗斯就有"重视重工业、轻视轻工业"的传统。苏联解体之后，俄罗斯经济又一直高度依赖能源和原材料出口，经济结构非常单一，容易受到国际油价波动等因素影响。

相对于俄罗斯经济实力的不足，俄罗斯的军事力量仍当之无愧地位居世界前列，尤其是其强大的核力量、反导力量，让美国和其他西方国家不敢轻视。但实事求是地说，一个国家的对外政策，如果只剩下军事力量加以支撑，有效性会大打折扣，这就是俄罗斯今天面临的困局。如果俄罗斯不能用自身的科技、经济和文化力量，让更多的独联体、前华约国家，以及其他国家从中受益，俄罗斯的影响力只能被局限在一定范围内。

从某种程度上来说，俄罗斯敢于运用其军事力量，是其在经济上不断衰落的同时，依然保持了较大的国际影响力的重要原因。但其中的悖论是，俄罗斯越是频繁运用军事力量参与大国博弈，其周边国家对其防范和恐惧的心理就会越强，而美国和其他西方国家对俄罗斯的打压和排斥也会越严重。从长期看，这反而更加不利于俄罗斯的国家发展。

更值得注意的是，在俄罗斯与西方国家的关系之中，冷战是最重要的因素。40多年里，在美国和欧洲几代人心目中，俄罗斯都是一个"邪恶的敌人"，这种印象根深蒂固。

从美国内部来看，其外交、国安、情报系统的当权派，几乎都有着深刻的美苏冷战的记忆，他们一生都在为对付俄罗斯工作。这种已经成为潜意识的东西，只会让美俄关系持续紧张。

俄罗斯虽然实行了西方式的民主制度，但这并没有得到美国的认可，美国反而不断支持俄罗斯国内的反对派，企图削弱普京政府的领导。拜登在总统竞选中甚至曾经公开表示，俄罗斯是美国最大的"威胁"。在担任副总统期间，拜登还回忆过一次跟普京的会面，他曾经盯着普京的眼睛说，"我不认为你拥有灵魂"。

从中国的角度看，苏联解体后俄罗斯国家的发展，带来了很多的启示。

第一，自二战结束以来，美欧一直主导着全球经济体系，任何一个国家要发展，都必须想办法融入这个体系。今天来看，像朝鲜、伊朗、委内瑞拉这些国家，在国家发展上，都遇到了很大的问题。对于中国来说，不管美国和其他西方国家如何挑衅，中国还是要保持战略定力，通过深化改革和扩大开放，不断扩大与西方国家之间的利益交汇点，这是中国在接下来的10年、20年抓住战略机遇期仍必须坚持的一项基本原则。

第二，在处理与美国等西方国家的关系方面，中国既要守住主权、安全和发展核心利益，又要避免全方位刺激和挑动美国等西方国家。如果美国等西方国家对中国实施全方位的制裁和打击，中国的现代化进程就有中断的风险。在面临美国与其他西方国家的压力时，中国依然需要保持定力，而且不要争闲气，不要计较一时一地的得失。从中国与美国及其他西方国家的实力对比来看，肯定是对方更有实力，能出的牌更多，能欺负我们的地方更多，但我们内心深处要非常清楚，只要中国保持目前的发展势头，时与势就在我们一边。中国的实力还会不断增强。等到中国实力占绝对优势的时候，美国等西方国家在处理对华关系时就会有很多顾虑，那时中国将在博弈中取得战略上的主动权。

第三，中国要始终解决好内部的问题。要通过深化改革和扩大开放，保持中国经济发展的活力和动力。2020年，在疫情之下，中国吸引的国外直接投资（FDI）首次超过美国，跃居世界第一，这非常有代表性。这充分说明，疫情之后，全世界投资者对中国的信心不仅没有减少，反而有所增加。与此同时，中国要时刻关注内部的执政能力和治理能力建设。从美国哈佛大学等研究机构给出的民调结果看，中国民众对中国政府的满意度一直保持在高位。但在网络媒体发达的今天，一切舆论风暴都必须得到妥善处置，否则会影响党和政府的公信力。面对社会热点，主流媒体要给予充分报道，并对错误的东西进行批驳，绝对不能让这些局部的、层级很低的负面舆论事件，影响中国改革开放的大局。

第四，对于中国的发展，我们要保持充足的信心，中国不太可能会衰落。但我们也要保持足够的危机感。从国家战略上来说，关键是保持战略定力，不折腾；从国家治理上来说，关键是要全面推进依法治国，把权力关进制度的笼子里，同时发挥主流媒体的监督作用，让全国各地的小矛盾及时暴露出来，并及时化解。此外，也可以通过国家发展和社会治理的实际成就，彰显中国的制度优势和发展模式优势，增强民众的道路自信、理论自信、制度自信和文化自信。

回到俄罗斯本身，中国民众到底应该如何看待俄罗斯？

我认为，首先，我们必须从国家利益出发，在现阶段不断巩固和加强中俄关系，这对于中国抵挡和消解美国和其他西方国家对中国的打压至关重要。其次，我们千万不要把俄罗斯的外交政策"浪漫化"，历史不能被遗忘，但历史的情绪不要被轻易挑动起来。新加坡前常驻联合国代表马凯硕曾明确提出，随着中国的相对实力不断增强，美国和俄罗斯有可能改善关系。虽然从目前来看这有些不可思议，但从战略上来说，这是一个可能的选择。中国对此也应未雨绸缪。

3. 伊朗巴列维王朝的现代化历程及其给中国的启示

我在做记者期间，曾先后两次到访伊朗。波斯波利斯、伊玛目、巴姆古城等历史遗迹令我叹为观止。

伊朗，古称波斯，是世界上历史最悠久的文明古国之一。公元前550年，相当于中国的春秋时期，居鲁士大帝建立了波斯帝国，一直延续到公元前330年。此后的1000多年间，波斯又经历了塞琉古王朝、安息王朝、萨珊王朝，直到7世纪被阿拉伯人击败，由此伊斯兰化。之后几百年间，波斯又经历了多个王朝。19世纪下半叶到20世纪初，由于欧洲列强的入侵，波斯沦为半殖民地国家。1921年，礼萨·汗上校发动军事政变，1925年取得王位，建立了巴列维王朝。1935年，巴列维王朝宣布改国名为伊朗。

由于伊朗拥有丰富的石油资源和重要的战略地位，美国对巴列维王朝支持有加。在美国的支持下，20世纪六七十年代的伊朗出现了石油奇迹。到了1975年，伊朗已经建立起了完备的经济体系，成为当时世界上最富裕的九个国家之一。看起来，伊朗已经完成了现代化。

但是，巴列维王朝的这一现代化成果完全是在美国对伊朗的粗暴干涉下取得的。它的经济命脉石油资源，完全处于英美的控制之下。当民选伊朗首相穆罕默德·摩萨台试图将英美控制的石油资源收归国有时，在英国军情六处的要求下，美国中情局发动"阿贾克斯行动"，推翻摩萨台，扶植依附于美国的君主穆罕默德·礼萨·巴列维上台。

不止如此，巴列维王朝国王和核心统治阶层耽于享乐，贪污腐化，盲目崇尚西方，甚至甘愿做美国的傀儡。这就导致他们推行的所有政策，都难以为民众所信服。巴列维国王宣布授予美国在伊朗的军事人员治外法权，严重损害了伊朗的主权，也引发了伊朗民众的强烈不满。

巴列维王朝自身的特质也为其现代化埋下了隐患。巴列维王朝事实上是一个君主专制王朝，一切都由国王一个人说了算，这无疑会导致官僚的无能化。1949年，巴列维国王在德黑兰大学主持校庆典礼时突然遭到枪击，在场的高官重臣竟无一人上前阻拦，只留巴列维国王一个人与杀手对峙。国家运转之失灵，在此可见一斑。

这些不满和运转失灵终于引发了巨大的后果。1978—1979年，宗教领袖霍梅尼领导伊斯兰革命，建立起了伊斯兰共和国。巴列维国王逃往美国"治病"，巴列维王朝灭亡了。可以看到，巴列维王朝的灭亡，完全是它依附于美国、依附于西方世界的结果，完全是巴列维国王的咎由自取。

过去的几百年里，西方的确是处于世界的主导地位。在先后发生的三次工业革命中，英国、美国等西方国家一直处于世界生产力发展的前列。这几百年，也是非西方国家艰难探索民族独立、国家富强之路的痛苦时期。

向具有先进生产力的国家学习本无可厚非。但是，一个国家如果在学习西方国家先进经验的过程中，变成了受西方国家控制的附庸，甚至放弃对自己主权的主张，最终必然会遭到反噬。

以美国为首的西方国家，从来都不会为非西方国家的人民考虑。如果我们仔细审视美国在全球各地的行动，就可以发现，其出发点从来都是维护美国的国家利益。在采取行动的过程中，美国侵犯了不少国家的主权，甚至给有的国家带去深重的战争灾难。

美国对巴列维王朝的扶植暴露了它以利益为重、虚伪的本质。过去，美国政治精英一直宣扬美国是"山巅之城""自由民主的灯塔"，但它支持的巴列维王朝，却与西欧16、17世纪的王朝无异，奉行专制君主制，与自由毫不沾边。它对巴列维王朝的支持，完全是实际的，出于利益考虑的。

从巴列维王朝的现代化历程中，中国能得到一些启示。对于中国来说，无论何时，最重要的都是做好自己的事情，走自己的道路。时至今日，西方国家的一些政治精英都还在幻想按照自己的样子改造中国，这可谓痴心妄想。

今天，中国国内有一些人，仍对美国抱有不切实际的、幼稚的浪漫幻想，这很可笑。对于美国来说，"民主""自由""人权"从来都只是推行其霸权的工具和口号。它从来都只听得懂一种语言，那就是实力。只有真正提升了实力，才能不为美国所左右。

第七章 "公知"与汉奸：堡垒内部的敌人最可恨

1. 中国"公知"为什么会失败？

公共知识分子，本来是一个极为高尚的称呼。

在我心目中，只有那些真正向民众传递科学、理性和人文精神的人，只有那些真正始终将国家、民族和人民的利益放在心中的人，才称得上真正的公共知识分子。公共知识分子的属性有两个：一个是"公共"属性，是指他们为了公众利益而奔走呼号；另一个是"知识分子"属性，是指他们坚持科学、理性和人文精神。

但在中国，当公共知识分子一词被简化成"公知"的时候，一下子就成了一个极具贬义色彩的词语。在当前中国网络语境下，"公知"自身特色如此鲜明，又如此令人厌烦，甚至在某种程度上已经成了"过街老鼠"，人人喊打。

在我的理解中，"公知"是专门指这样一批人：

——他们对中国自己的历史文化传统和现实严重缺乏自信，尽管他们口头上不承认"外国的月亮比中国圆"这种反逻辑、反常识的理念，但他们在潜意识里，都是这种反逻辑、反常识理念的信奉者；

——他们对西方式的"自由民主加市场经济"，拥有绝对的、未经严格反思的认同,看不到西方这一套政治制度和经济制度的内在缺陷,并幻想只有中国走上"全盘西化"的道路,才能真正实现民族独立、国家富强和人民幸福;

——他们对以美国为首的西方资本主义制度抱有浪漫的、不切实际的幻想,将其中"自由、民主、人权、平等、法治"等理念因素无限美化,并每每以此来抨击和指责中国。

在中国相对于西方还非常弱小、非常落后的时候,"公知"在中国似乎具有某种天然的正确性。但在今天中国不断发展、不断崛起,而西方国家自身问题越来越清晰地暴露在中国公众面前时,"公知"在中国就成为一种越来越不合时宜的存在。

今天,所谓的"公知",明显缺乏"公共"属性,因为他们看起来更像是一群高高在上、居高临下地向中国民众推销一种他们自认为理想的制度和理念的人,而非站在中国民众的角度去思考,到底什么样的制度和理念才最能让中国实现民族独立、国家富强和人民幸福的人。

今天,所谓的"公知",当然也缺乏"知识分子"属性。他们对于以美国为首的西方国家的资本主义制度的迷信,说明他们既缺乏严格的逻辑思辨和理性思考精神,也缺乏根据现实与时俱进、调整自我认知的能力。他们更像是一群固执、迂腐、生活在过去幻象中的人,而非真正具有独立思考能力的知识分子。

有人分析过,中国这一代"公知"的人生观、世界观和价值观形成的时期,恰是以美国为首的西方资本主义发达国家在物质文明上相对于中国拥有无可争辩的绝对优势的时期。这样的历史背景导致中国的"公知"对西方盲目迷信、对中国缺乏自信。但时移势易,随着中国在探索实现现代化的道路上取得越来越明显的成就,东西方力量对比开始明显向中国倾斜,这个时候,诞生于那个特殊年代的"公知",就像一群看不见现实的少数派,逐渐沦落到被嘲笑、被批判、被大众抛弃的地步。

今天的中国，依然存在种种不足，这是中国需要始终坚持实事求是、与时俱进的精神，不断完善治理体系和治理能力的根本原因。但这绝对不能构成拿2020年疫情后的中国与1900年的晚清相比的任何理由。因为这已经不是学术和常识问题了，而是胡言乱语。

今天，一个真正的公共知识分子，到底应该如何看待中国和外国的政治、经济、社会发展大势？到底应该采取一种什么样的学术和现实立场？

我依然认为，如果一个人把自己看成公共知识分子，他就必须首先坚持其"公共"属性，必须始终把公共利益放在首位。

此时此刻，中国最大的公共利益依然是民族独立、国家富强和人民幸福。

什么是最能真正实现这一最大公共利益的制度与模式，什么就是一个公共知识分子最应该支持、参与设计和改进的制度与模式。简单地说，一个公共知识分子最应该支持的就是中国特色社会主义。

我2002年从北大毕业后，曾从事国际新闻报道12年，到访过四五十个国家。在我的理念中，中国特色社会主义绝对不是一个空洞、僵化的政治口号，而是一种具有极大包容性、充满生命力、可以不断改进的政治、经济和社会制度。

今天的"公知"，其实很容易陷在"民主原教旨主义陷阱"和"市场原教旨主义陷阱"中不能自拔。中国的"公知"曾经认为，只要中国"西化"，就能解决一切问题；中国的"公知"现在也认为，只有中国"西化"，才能解决一切问题。这是一种极其荒谬和错误的观念。

过去几百年来，西方国家先后进行了三次工业革命，在宗教改革和文艺复兴的基础上，确实走出了一条领先世界的现代化发展道路。但如果放眼全世界，从东南亚到南亚再到中亚，从中东到非洲再到南美洲，照抄照搬西方制度和模式、最后失败的例子比比皆是。

中国共产党早就总结出了这一规律——任何国家的建设，必须立足于本国国情，与本国实践相结合。毫无疑问，坚持中国特色社会主义是国家建设可以成功的根本原因。只是由于之前中国的发展还处在从量变到质变的积累过程中，中国"人微言轻"，这一点并没有得到更多人的理解和认同而已。

在我自己看来，中国特色社会主义之所以具有生命力，是因为它坚持实事求是，并且能做到与时俱进，这是任何一个人、任何一家企业、任何一种制度，能回归本质、不断优化迭代的最根本原因。

在建设中国特色社会主义的过程中，有几个概念我们必须加以坚持。

第一，实事求是，与时俱进。没有任何一种制度是天生优秀且永远优秀的。在实践中，我们需要不断反思和总结，不断根据新情况进行调整，并不断解决新问题。

第二，从中国的优秀历史文化传统中汲取力量。中国是一个拥有几千年历史文化传统的国家。在14亿多中国人的理念中，一个强大的中央政府是国富民强的基本前提。美国从殖民地时代演化而来的联邦制，在中国既缺乏传统根基，也缺乏现实必要。

今天，像余茂春这样的汉奸依然在用老掉牙的、僵化的意识形态语言描述中国的政治制度。他们忘掉了一个基本事实——中国拥有远比近现代西方政治传统更古老、更丰富的历史政治传统。

中国没有法国的那种"社会契约论"，但中国自古就有"水能载舟，亦能覆舟"的辩证理念，也有"得民心者得天下"的潜意识认知。今天，在建设中国特色社会主义的过程中，很多时候，我们依然在不经意间重复和强化这些在中国已经有上千年历史的传统理念。

中国特色社会主义仍在不断发展中，西方远远没有理解中国特色社会主义的真实内涵。但我相信，随着中国在物质层面的发展越来越好，一定会有中国的政治学家、社会学家、历史学家，去结合中国几千年的历史文化传统，重新解释并传播当前中国制度和模式的内涵。

第三，吸纳优秀文明成果，取其精华，去其糟粕。曾经提出"历史终结论"的美国政治学者弗朗西斯·福山，在其近些年的著作中明确提出，相对于政治制度和意识形态，一个政府的治理能力才是21世纪国家构建中更具决定性的因素。

在改革开放之初，中国人重新认识了市场和计划，认识到二者并非资本主义和社会主义的本质区别，而只是不同的资源分配手段。

在建设中国特色社会主义的过程中，我们应该而且也正在吸收人类文明的一切优秀成果。自由、民主、平等、法治、科学、理性等观念，并非西方所特有，也应该为我们积极吸收和借鉴。但需要注意的是，我们要做的是批判性吸收，而非全盘接受。

今天，西方资本主义制度面临的种种问题，恰恰是要引起我们警惕和反思的地方。建设中国特色社会主义，不能简单"抄作业"，关键还是要实事求是、与时俱进，不断结合中国的国情去探索。

对于"公知"们，假如他们可以认认真真地学习什么叫中国特色社会主义、什么叫以人民为中心，参与而非拒绝中国今天所选择的政治制度、发展道路和发展模式，用真正的爱国精神、公共属性和知识分子属性，向公众传递科学、理性和知识，并不断提醒大家既不要妄自尊大，也不要妄自菲薄，在实事求是、与时俱进的路上，一起实现中华民族的伟大复兴，那么他们也不一定会被"扫进历史的垃圾堆"。

而如果"公知"们还是抱着那一套有失偏颇、存在严重内在缺陷、越来越缺乏现实说服力的东西，居高临下地向中国人民推销，他们必将成为21世纪的"孔乙己"，最终被时代抛弃。

2. 今天的汉奸不以为耻，反而觉得自己很高尚

在我的公众号后台，经常有人说谁谁是汉奸，我一般对这种留言都是直接删掉。汉奸这个词能不能用？我觉得当然能用，但用的时候一定要慎重，特别是不能因为大家观点不同、立场不同，然后就轻易给对方扣一顶汉奸的帽子。

在我看来，"汉奸"的定义是很清楚的。无论在哪个年代，一个生在中国，长在中国，跟国外势力合作、勾结，做出损害中国国家、中华民族和中国人民根本利益事情的人，都是汉奸。对于这种汉奸，我们不用回避，就是要给他戴上这顶本来就属于他的帽子。

今天，我给大家介绍一个21世纪的汉奸，他的名字叫余茂春，英文名叫Miles Yu。特朗普第一任期的美国国务卿蓬佩奥说他是美国的"国宝"。此前，绝大多数中国人对余茂春可谓一无所知，直到2020年7月，美国《华盛顿时报》发布了一条关于他的人物特写报道，详细讲述了他在蓬佩奥领导下的美国国务院扮演的重要角色，余茂春才走入中国民众的视线。

余茂春是美国国务院政策规划团队中非常重要的一员，也是蓬佩奥的首席中国问题专家。2020年，蓬佩奥很多看似"疯狂"的言论，都是出自

这个"军师"之手。余茂春此前一直在美国海军学院教书，专业是东亚和军事史，也曾经长期在《华盛顿时报》撰写专栏文章。我专门搜索了一下YouTube上的视频，涉及他研究成果的内容非常少，应该说他并未进入美国主流专家阵容。但就是这样一个人，竟然被蓬佩奥称为"国宝"，特朗普第一任期美国对华政策的质量之差也由此可见一斑。

余茂春作为美国"国宝"，其所有研究和观点，都是为了帮助美国压制和战胜中国。虽然他早已经加入美国国籍，但这跟汉奸的定义并不冲突。他出生在中国，在中国上完大学，然后加入美国国籍，从事损害中国国家、中华民族和中国人民根本利益的事情，就是一个汉奸。

我专门去搜索了余茂春的一些文章，中文极其地道，但思维已经彻底美国化。他虽然长着中国人的面孔，但内心早已经认同美国为"母国"，一心一意想着如何帮助美国对付中国。他生在中国、长在中国的经历，反而成了他向美国表忠心、获得影响力和地位的工具。

对于余茂春来说，他帮助美国国务院谋划各种针对中国的政策，不仅不会感到丝毫的耻辱，反而会有一种虚幻的"高尚感"。他误认为，中国人民和中国的执政党势不两立，他帮助美国打击中国政府和中国的执政党，是在打击"独裁政府"，是站在历史的正确一边。但恰恰相反，美国作为一个霸权主义国家，在中国将强未强的关键时刻，对中国"泼脏水""下黑手""使绊子"，它才是逆历史潮流而动的那一方。余茂春喝中国的水、吃中国的饭长大，如今反过来为美国打压中国出谋划策，确实是一种数典忘祖、为虎作伥的做法。

余茂春本质上是一个二流甚至三流的专家，但被蓬佩奥捧为"国宝"，这恰恰解释了美国对华政策的荒谬和疯狂。余茂春迎合了特朗普、蓬佩奥与中国博弈的需求。他对中国语言、历史和文化的理解，让他"奇货可居"。但早早离开中国的余茂春，对中国1985年后的改革开放历程认识非常肤浅，这样的"专家"只会进一步误导美国的对华政策，使其朝着失去理性、寻求对抗、日渐疯狂的方向发展下去。

余茂春对美国的认知也是幼稚的、荒谬的、可笑的。他自称是被美国的里根总统吸引到美国去的。里根曾经说，美国是"地球上人类最后、最好的希望"，余茂春对此深表认同。

美国确实具有强大的舆论、思想和人心的塑造能力，长期以来也把自己描绘成"山巅之城""自由民主的灯塔"。但在这华丽的外表之下，正是美国不堪入目、给世界带来灾难性后果的霸权主义行径。

美国是二战结束以来全世界最好战的国家。自2001年"9·11"事件以来，美国先后发动了阿富汗战争和伊拉克战争等多场战争。尤其是伊拉克战争，给当地民众造成了灾难性后果，几十万伊拉克人死于非命，至少几百万伊拉克人流离失所。从2003年到现在，这么多年过去了，伊拉克依然未能恢复应有的和平、稳定与繁荣。时至今日，伊拉克作为一个有着悠久历史文化传统的中东核心国家，一个拥有大量石油财富的国家，依然在血腥的动乱和冲突中苦苦挣扎。

美国参与利比亚战争、叙利亚战争，同样制造了地区不稳定和难民潮。美国打着反恐的旗号，用无人机在巴基斯坦和阿富汗发动过无数次袭击，造成了大量的平民伤亡。美国作为全球唯一的超级大国，手上沾满了被入侵国家人民的鲜血。

今天，美国国内也面临贫富分化加剧，阶级、种族矛盾激化等严重问题。在新冠疫情之下，这个国家显露出了最丑陋、最无能的一面。这样的国家，哪里还有一丝一毫"山巅之城"的伟大、崇高与荣耀？

余茂春将自己的个人命运，与美国绑定，自以为站在了历史正确的一边，但事实恰恰相反，他是站在了历史错误的一边。

余茂春最大的问题，是他对中国的误判。改革开放40多年来，中国经济发展、社会进步、人民安居乐业，尽管存在这样那样的问题，中国民众对国家所处的发展方向总体是感到满意的，对未来是感到有信心的。中国民众和中国执政党之间，并不存在尖锐对立的矛盾。如果余茂春还是用"民主和专制""自由和独裁"这一套陈旧的话语方式来描述今天的中国，他注定会跟提出"中国崩溃论"的美籍华裔律师章家敦一样，成为一个行走的笑话。

中美作为21世纪最重要的两个国家，无论两国之间有着多少矛盾和冲突，最终双方还是要找到彼此共处的方式。美国终将发现，太平洋在中间，美国在那一边，中国在这一边，美国永远没有能力真正让中国衰落。

对于余茂春这样的人来说，因为特朗普、蓬佩奥执行对华遏制战略的需要，他会成为美国政府的座上宾，享受很大的权力和影响力，但有朝一日，一旦美国"变天"，余茂春将继续回归他的本色——一个二流甚至是三流的中国问题专家。

今天的美国，早已经没有了那种创新、包容、奋发有为、蒸蒸日上的势头，反倒是跌入了意识形态偏见的泥淖。面对中国崛起带来的挑战，美国不是想着如何解决其自身的问题，而是处处想着怎么利用其仅存的优势，来扼杀中国及中国人民谋求国家发展和人民幸福的权利。这种霸权主义行径，将遭遇14亿多中国人的持久抗争。所有为美国针对中国搞霸权主义行径出谋划策的汉奸，都难逃失败的命运。

3. 虚伪的 21 世纪汉奸

今天，在美国对中国进行野蛮打压的背景下，一些生在中国、长在中国的人，投靠美国政府，为美国政府打压、遏制中国出谋划策，但他们对此不以为耻，反以为荣，认为自己是在帮着"自由民主的灯塔"打压"专制"的中国，是站在了历史正确的一边。

要当汉奸，首先他们必须从心理上说服自己——他们出卖中国国家和中华民族利益的做法，在道义上是正确的。为了说服自己，他们通常采用美国反华分子老掉牙的逻辑——中国是一个"独裁的邪恶国家"，美国是全世界"自由民主的灯塔"，所以他们帮助美国政府打击中国，是在做一件正确的事情。但实际上，这不过是汉奸们自欺欺人的说法而已。

美国对中国的打压，特别是对中国优秀企业，如华为、字节跳动的野蛮攻击，根本原因在于，一些美国人认为中国崛起会动摇美国在二战结束之后长期把持的全球霸权，所以要尽一切努力，打乱中国发展的节奏，最好是能把中国搞乱、搞垮。

今天，我要跟大家说一个女汉奸的事情，她的名字叫闫丽梦。

闫丽梦本科毕业于中南大学湘雅医学院，研究生毕业于南方医科大学，之后在香港大学公共卫生学院做博士后研究。2020年4月，闫丽梦从中国香港前往美国，之后在7月接受了美国右翼媒体福克斯新闻台等的采访。为了迎合美国右翼将美国应对疫情失败的责任转嫁给中国的目的，她编造谎言说，自己在2020年初做过有关新冠病毒的研究，宣称中国故意隐瞒疫情。

闫丽梦最大的谎言在于，她跟美国一家研究机构的人合作，炮制出了所谓"新冠病毒由中国武汉相关实验室人工合成"的荒谬观点。

经调查，这个美国研究机构，名不见经传，根本不以研究传染病见长。更值得怀疑的是，这个研究机构的幕后黑手竟然是有着特朗普"军师"之称的班农。班农是美国右翼媒体人士的代表，长期对华持恶毒的攻击立场。虽然他帮助特朗普赢得了2016年总统选举，但后来因为得罪了特朗普的家人，被迫离职。离职后，班农写书、接受采访，触怒了特朗普，被后者公开羞辱。班农后来还曾涉嫌欺诈，被美国检方提起诉讼。

香港大学早在2020年7月就发表声明说，闫丽梦在该校根本没有从事过有关新冠病毒的研究，这就完全消解了她有关新冠病毒言论的可信度。香港大学还说，她在美国接受采访时说的话，并没有科学依据。

后来，闫丽梦注册了推特账号，发表了所谓"新冠病毒由中国武汉相关实验室人工合成"的论文。这篇论文未经严格的同行评议，一经发出，就受到了欧美主流科学家的质疑。实际上，全世界的主流科学家早已经形成共识，从新冠病毒的基因证据来看，其最有可能来自大自然，不可能是人工合成的。推特因此也以传播谣言为名，直接封禁了闫丽梦的账号。

闫丽梦作为一个博士后，并没有参与有关新冠病毒的研究工作，她2020年4月去美国，也完全是自己的个人行为，但她却把自己包装成所谓的"吹哨人"，编造受到迫害然后叛逃美国的荒唐剧情。闫丽梦此举，无非是为了向美国政府反华人士纳"投名状"，通过抹黑中国抬高自己，配合美国右翼反华势力在新冠疫情问题上对中国进行攻击和指责。

闫丽梦卖国求荣，甘当美国反华势力的门下走狗，真的是毫无底线可言。她不仅让自己在中国身败名裂,而且让其家人也承受了非常大的压力。随着中美关系发生变化,闫丽梦将失去利用价值,她的结局一定会很惨。

从古至今,背叛自己祖国和人民的人,卖国求荣的人,都没有好下场。在今天的中国,这一点更为明确。

4. 部分海外中国人的"皈依者狂热"

"皈依者狂热"是一个心理学概念。研究发现，一些新皈依某个宗教的教徒，为了证明自己选择的正确性，甚至比老教徒表现得更加虔诚，更加狂热。

相信很多人都有感觉，一些中国人到了外国之后，对外国的吹捧和对中国的唾弃，表现得特别强烈。他们对中国的偏见和敌意，甚至比一些外国人还要大。其实，这也是一种"皈依者狂热"。

我一直觉得，对于留学和移民，每个人都有选择的自由，这跟爱不爱国没有太大关系。据统计，海外华人华侨的数量有6000多万（2014年），他们是一种不可忽视的存在。

中国人到其他国家去，大致有三个原因。

第一，为了追求更好的学业和事业发展。这个很好理解，改革开放40多年来，以美国为首的西方国家，绝大多数时候都是以领先者的面目出现的。很多专业的研究者，确实只有到国外，才能接触最前沿的理论，才能获得最好的实验条件。有的行业，比如高科技、金融、咨询等行业，在相当长一段时间内，国外的发展水平确实比中国的高。拥有一段国外的留学和工作经历的人，即便是日后回到中国发展，也有一定的优势。

第二，很多人被国外良好的教育、医疗、环境、食品安全等条件吸引。对于大批中国中产阶级人士来说，在相当长的一段时间内，国内的教育、医疗、环境、食品安全都是很大的痛点。例如，在国内很多城市，孩子上学与户籍挂钩，导致上学难。另外，环境和食品安全状况也不理想。这些都可能成为一些人移民到海外的原因。

第三，还有一些人移民到海外，真的是出于对西方的价值观和意识形态的认可，是为了追求所谓的西方式"自由"。

"外国的月亮比中国圆"，这的确是很长一段时间一些中国人潜意识里的认知。这一认知存在的根本原因在于，中国本身的发展存在这样或那样的问题。部分受这些问题困扰的人在听说一些国外的情况后，确实容易产生一种"国外即天堂"的错觉。

我从1998年开始就在北京生活，20多年来，深受北京堵车问题的困扰，曾经也有很大的怨气。后来，我去比利时布鲁塞尔采访，下班高峰期，去滑铁卢古战场遗址参观，路上同样堵得一塌糊涂。我去俄罗斯莫斯科采访，发现莫斯科交通状况之糟糕，只怕是比北京有过之而无不及。

堵车问题只是中外比较中的一个"切片"。随着越来越多的中国人走出国门，去旅游、工作、学习、生活，一个真实、复杂的世界开始展现在大家面前，"外国什么都比中国好"的光环也在一点一点消失。

我2009年去英国伦敦采访，惊讶地发现，伦敦人根本不像我们想象的那样非常守规矩，不闯红灯。再后来，我们去法国，知道了即便是在巴黎，小偷也特别多；在意大利，意大利警察甚至需要跟中国警察联合执法，来保护中国游客的安全；在美国，我们看到了破败的基础设施，也看到即便是在硅谷，网络服务也很糟糕。发展中国家的问题也十分显著：埃及的民生问题，印度首都新德里的脏乱差，越南首都河内的尘土飞扬，墨西哥毒贩横行，阿富汗、伊拉克、叙利亚、利比亚等国家的战乱……我们在全世界看得越多，就越有一种强烈的感受：中国真的算是不错了。

没有比较，就没有鉴别。很多没有走出国门的中国人，只看到中国存在的各种问题，却不知道，这些问题在全世界都广泛存在。以大家深恶痛绝的腐败来说，在印度、印度尼西亚、菲律宾这些所谓的"民主"国家，腐败问题比中国的更加严重。相反，到过国外的人在回到国内后，会更加珍惜中国安定、安全的社会环境，中国高效、稳定、安全的高速铁路网，中国各种方便、快捷的互联网服务……

中国跟西方的对比出现反转，大致是从2008年国际金融危机开始的。当时，美国华尔街的贪婪，让全世界陷入危机，中国经济却一枝独秀，继续高歌猛进，让很多中国人对以美国为首的西方国家的"领先性、正确性"产生了怀疑。2010年，中国GDP超越日本，成为全球第二大经济体，这又是一个里程碑。

一二十年前，我自己还经常为中国的某个超级项目取得世界领先地位而非常自豪，也会因西方媒体对中国的关注和报道而感到得到了某种认可。今天，我们已经对这种关注和报道习以为常。中国的高铁、中国的北斗卫星导航系统、中国的"九章"光量子计算原型机等，即便放在全世界范围内，也非常领先。越来越多的中国经济、科技成果领先全球，我们对此早已"见怪不怪"了。

但非常有意思的是，即便是中国的经济、科技、社会不断进步，与西方国家的差距越来越小，甚至在某些领域已经取得领先地位，部分在海外的中国人，对中国的偏见却有增无减。

我自己也分析过，他们之所以有这种表现，一个大的前提还是，中国以经济和科技实力为基础的综合国力，与以美国为首的西方国家相比，还有一定的差距，中国国内还有各种各样的问题和不足。

此外，他们的这种表现也跟"皈依者狂热"有关。第一，新"皈依者"存在一种补偿心理，急于证明自己获得了好处；第二，新"皈依者"为了获得新群体的认同，会表现得更加虔诚和狂热；第三，新"皈依者"为了证明自己的选择是正确的，会不断贬低自己所放弃的东西。

如果你身边也有人存在"皈依者狂热"的倾向，你也不用太较真儿，事实胜于雄辩。只要中国发展得越来越好，中国人的日子越过越好，其他的一切都不重要。

对于出于种种原因选择移民的中国人，我想说的是，每个人都有追求自认为是幸福的权利，但我也要对那些帮助美国打压、攻击、污蔑中国的华裔人士说一声，不要妄想你们站在了历史正确的一边。西方国家的制度神话正在破灭，你们的所作所为，不过是为虎作伥、认贼作父而已。这样做的人有一个特殊的称号，那就是汉奸。余茂春、闫丽梦，就是21世纪的汉奸。

第八章 争夺「叙事主导权」,中国需要什么样的人?

1. 被BBC污蔑的"自干五"群体崛起，反映了中国社会正在发生的一个重大变化

2021年10月，在BBC的一篇涉华报道中，出现了ziganwu（"自干五"）这个词。

在我的印象中，随着中国的不断发展，西方主流媒体在涉华报道中越来越多地使用中国词汇，比如taikonaut（中国航天员），在某种程度上，这也是中国国际影响力提升的一个表现。

之前很少有西方主流媒体谈论"自干五"，BBC算是开了这个先河。但不出意料，BBC在报道中对"自干五"的行为进行了严重的扭曲和污蔑，将互联网上一群自发用自己的知识和见解，批判美国等西方国家对中国污蔑、攻击的人的正当行为，称为"民族主义"举动和"舆论宣传"。

在回应BBC的报道之前，我先普及一下什么是"自干五"。"自干五"的全称是"自带干粮的五毛党"。而"五毛党"同样是中文互联网上的一个特殊词汇，它的大意是：被人雇用在网上发表支持其雇主言论的人，每发一条帖子，就可以领取五毛钱的工资。对于这种人是否存在，我一直表示怀疑。

第八章 争夺"叙事主导权",中国需要什么样的人?

"自干五"则是"五毛党"的一个衍生词,它已经脱离了"五毛党"最初的贬义色彩。很多发自内心认同中国政治制度、发展模式和发展道路的人,自称"自带干粮的五毛党"。第一,他们的核心特征是发自内心地认同中国的政治制度、发展模式和发展道路;第二,他们在国内舆论场中,主动跟那些危害社会稳定的力量做斗争,在国际舆论场中,跟无端污蔑、攻击、遏制中国的西方国家进行斗争;第三,他们主动做这一切,不计报酬,不问回报,"自带干粮"。

根据这三个特征,"明叔杂谈"肯定算一个不折不扣的"自干五"。被广大网民喜欢的"乌合麒麟",当然也是一个。我要说的是,"自干五"群体的崛起,绝对不是一种个别现象,而是一种普遍现象。这一群体主要由三种人构成。

第一,在微博、微信公众号、抖音、B站等国内社交平台上,有一批既睁开眼睛看过世界,又对国情、社情、民意非常了解的中国人。他们越来越多地主动站出来,针对美国等西方国家对中国的污蔑、攻击进行斗争。

第二,在西方主流社交媒体平台上,也出现了越来越多的生活在世界各地的中国人,包括很多近年来出国留学的年轻学生。他们开始主动站出来,对各种非常无知、愚昧、充满恶意的反华言论进行反击。

第三,无论是在国内的社交媒体平台上,还是在西方主流社交媒体平台上,都出现了越来越多实事求是、拒绝被西方主流叙事洗脑的外国人。他们开始主动传播他们在中国的所见所闻,成为"自干五"中的国际友人。

这些国际友人中,在中文互联网世界非常受欢迎的"我是郭杰瑞"就是其中一个。他在疫情时通过实地采访,对比中国和美国在防疫做法和效果上的巨大差异,让西方对中国防疫的污蔑不攻自破。在YouTube上还有一位非常受欢迎的"numuves",他在新疆拍了很多自媒体视频,戳穿了西方媒体和政客散播的所谓"种族灭绝"的谎言;另外,他还喜欢把抖音上最富有创意的视频做成集锦,放到YouTube上,让外国网友看到了现代中

177

国最精彩的一面。这些视频都广受好评。

在推特上，我还关注了"Jerry's Take on China""Tom Fowdy""BadChinaTake"等账号。其中，最有意思的当属"BadChinaTake"，它的名字可以翻译成"荒谬的涉华观点集锦"。作者经常收集美国等西方国家内部各种极端的、荒谬的涉华观点，这些观点让人瞠目结舌、哭笑不得。比如，那个曾经提出"中国崩溃论"又不断被"打脸"的章家敦的脑回路就非常清奇。他甚至鼓吹："和平珍贵，但为了和平，美国应该准备跟中国开战。"还有一些美国人说，中国将会把一个中国原则推广到日本、东南亚和中亚。还有人污蔑说，中国实现完全统一后，将在台湾地区推行"种族灭绝"政策。但很快就有人指出来，台湾90%以上的人口都属于汉族，跟大陆90%左右的人口同文同种、同根同源，何来"种族灭绝"一说？这就好比有人说，美国的盎格鲁-撒克逊人要对其治下的一个州的盎格鲁-撒克逊人搞种族灭绝一样。

过去几年，"自干五"群体在上述"战场"上的崛起，背后是一场有关中国的思想、认识上的深刻变革。

从中国内部来说，随着中国现代化进程的不断推进，中国的国家治理体系不断完善、治理能力不断提高、治理效果不断彰显，中国的制度优越性不断增强，中国民众对于自己国家选择的政治制度、发展道路和发展模式，有了越来越多的自信。

从中国以外来说，从2018年特朗普政府对中国发起贸易战开始，在这个风起云涌的时代，中国人"开眼看世界"，更"开眼看自己"，在一堂又一堂美国等西方国家给我们开设的"大型现实主义国情教育课"中，深刻理解了什么是道路自信、理论自信、制度自信、文化自信。中国人也从美国等西方国家令人发指的"双标"、虚伪、傲慢中，从西方人对中国充满恶意的污蔑、攻击、遏制、打压中，从他们那种莫名的种族、意识形态和文化优越感中，看到了他们外强中干的本色，看到了他们"金玉其外，败絮其中"的本质。

这场变革是一个现代中国人不断觉醒的过程，也是一个西方价值观和叙事模式在中国逐渐崩塌的过程。在"自干五"群体崛起的过程中，一向鼓吹"外国的月亮比中国圆"的"公知"走向了失败。与此同时，一批又一批外国"自干五"的出现，则是部分外国人在有关中国的思想和认知上产生变化的标志。

长期以来，掌握着国际舆论权的西方媒体，也掌握着对中国的描述权、解释权和定义权。西方人根据自己的意识形态偏见和个人好恶，从西方种族、政治制度、意识形态和文化优越感出发，将他们对中国的定义和叙事强加给中国。当西方在经济、科技、文化、军事等各方面都领先中国的时候，他们的这种定义和叙事，似乎具有某种天然的说服力。但今天，随着中国式现代化的不断深入，随着西方国家内部社会矛盾日益尖锐、各种问题和制度性缺陷不断暴露，西方人已经丧失了定义中国、定义中国民众感受的能力。而随着中外交流的不断增多，许多西方人来到中国，他们一点一点走出过去几十年来被西方舆论洗脑的影响，开始在西方的定义之外，看到一个真实的中国。在这个真实的中国，社会治安状况良好，民众和政府之间有很高的信任度，政府可以真正地把事情做成，真正地以人民为中心。他们就像晚清时期第一批"开眼看世界"的中国人，破除了自己的固有认知，从美国"山巅之城""自由民主的灯塔"的叙事中走了出来，开始放弃对美国制度的"神化"和"绝对化"，开始在西方主流意识形态和价值观之外，看到中国政治制度、发展道路和发展模式的可取之处。一言以蔽之，在国内外大批"自干五"崛起的背后，是中国民众和部分外国民众的觉醒。

放在这样一个大背景下来看，BBC等媒体对"自干五"群体的污蔑，实在是不值一提。它们依然在老旧的意识形态里打滚、挣扎、扭捏作态，看不到中国社会发生的天翻地覆的变化。

单从从中国内部来看,"自干五"的构成成分非常复杂,但一个真正的中国"自干五",要有发自内心对中国国家的认同和热爱,要有对事实与逻辑的基本尊重,要有自我克制、避免滥用舆论影响力的敬畏心。简单归纳一下,就是要做到爱国、理性、科学、务实。

中国"自干五"应该爱国,但并不会仇视任何一个其他国家。在相互尊重、平等相待的前提下,中国"自干五"支持中国跟任何其他国家开展互利共赢的合作。但如果有任何国家幻想污蔑、遏制和打压中国,中国"自干五"也会支持中国对其进行毫不犹豫的还击。这一代中国"自干五",最能理解什么是"朋友来了有好酒,豺狼来了有猎枪"。

中国"自干五"应该理性,他们看待这个世界上的任何问题,都以事实和逻辑为基础。他们不会盲目鼓动民粹主义情绪,也不会打着爱国的旗号去搞"低级红、高级黑"的事情。他们反对"公知",也同样反对民粹主义,反对那种动辄喊打喊杀的乌合之众。他们支持理性爱国,他们强调尊重自己,更强调尊重别人。

中国"自干五"应该坚持科学的原则。他们知道,科技是第一生产力,当今世界各国之间的较量,主要还是以经济和科技实力为基础的综合国力的较量。他们知道,中国必须发展科技,提高产业自立自强的能力,以免被其他国家讹诈和遏制。他们也知道,在国家治理层面,市场和计划都只是一种资源配置方式,并没有天然的对错。中国改革开放的一点经验就是,利用市场充分调动各方面创造、创新的积极性,同时不断提高监管能力和监管水平,用更大的治理能力,去规避西方"市场原教旨主义"之下出现的各种问题,包括垄断、资本无序扩张、贫富分化、社会动荡等。

中国"自干五"应该务实。他们崇尚空谈误国、实干兴邦,认为中国人不应像美国等西方国家那样搞那种华而不实、大而无当的"政治正确"论战,不应搞那种以意识形态划线的做法。他们认为,每个中国人都应该踏踏实实地做好自己的事情。

以上可以被看作一个21世纪中国"自干五"的宣言。

今天，实事求是地说，我们的国家仍有很多问题，所以才需要我们居安思危，能够在"风起于青蘋之末"之际，发现各种潜在问题和危机的苗头，去一点点解决。但整体上来说，今天的中国正走在一条正确的道路上，这是越来越多的中国人、外国人自愿成为"自干五"的重要原因。这是BBC无法理解、无法认同的，又或者是BBC虽然理解但又难以承认的事实。但这些都不重要。中国做好自己的事情，才是最重要的。

2. 爱国不可耻，不爱国才是可耻的

2021年9月25日晚上，孟晚舟乘坐的中国政府专机抵达深圳宝安国际机场。她走下舷梯，哽咽着发表了讲话："经过1000多天的煎熬，我终于回到了祖国的怀抱。异国他乡的漫长等待，充满了挣扎和煎熬，但当我走下舷梯，双脚落地的那一刻，家乡的温度让我心潮澎湃，难以言表。祖国，我回来了！"她说："有五星红旗的地方，就有信念的灯塔。如果信念有颜色，那一定是中国红！"现场人群挥舞着五星红旗，自发唱起了《歌唱祖国》。我们全家人坐在电视屏幕前，一起观看了这一幕。我对两个孩子说："这是一场大型的爱国主义教育课。"

20多年来，有两个情景在我的脑海里一直挥之不去。

1999年5月8日（当地时间1999年5月7日），以美国为首的北约部队用B-2隐形轰炸机投下了5枚JDAM（联合直接攻击弹药），击中了位于南联盟首都贝尔格莱德樱花路3号的中国驻南联盟大使馆，当场炸死新华社记者邵云环、《光明日报》记者许杏虎和朱颖，炸伤数十人，造成大使馆建筑严重损毁。其中一枚JDAM没有爆炸，直到5年后才由塞黑方面取出销毁。

事件发生时，我还在北大上学，看着电视上3位烈士家属悲痛欲绝的

样子，内心充满了愤懑。面对以美国为首的北约如此野蛮、残忍的攻击行动，美国人竟然告诉我们，这是"误炸"。20余年后的今天，他们还敢吗？

2001年4月1日，美国海军EP-3电子情报侦察机在中国海南岛附近海域上空侦查，中国海军航空兵派出2架歼-8战斗机进行监视和拦截，其中一架僚机在中国海南岛东南70海里的中国专属经济区上空与美军飞机发生碰撞，中国战斗机坠毁，飞行员王伟跳伞，下落不明，后被中国方面确认牺牲。

可气的是，美国把间谍飞机派到中国家门口进行挑衅，撞机后非但没有一丝歉意，反倒污蔑牺牲的中国飞行员"不专业"，还有一丝良心吗？

我当国际记者12年，在中东地区工作2年，目睹、耳闻了太多的战乱和杀戮。如果没有民族独立、国家富强，就绝对不会有真正的人民幸福。不仅不会有人民幸福，人民的生命、财产、尊严都会被列强肆意践踏。如果不信，你们就去问问阿富汗人、伊拉克人、叙利亚人或利比亚人。

孟晚舟回国，无数的中国人为此感到振奋，这是一种油然而生的爱国主义情感。任何一个当代中国人，如果不能理解中国民众的这种自发的爱国主义情感，反而对此冷嘲热讽，以显示自己所谓的"独立思考能力"，都是极其愚昧、极其无知、极其幼稚的。

也有一些人问："孟晚舟是华为高管，她回国跟我有什么关系？"

美国封锁华为、非法扣留孟晚舟，绝对不仅仅是针对孟晚舟个人，也绝对不仅仅是针对华为一家企业。美国此举的目的，就是要打压中国高科技行业，就是要继续维持美国的霸权，就是要让中国人民世世代代被锁死在低端的产业链上，祖祖辈辈拿着微薄的工资，为美国人制造袜子、玩具。

国与国之间的博弈，从来争的都不是意气和情绪，而是实实在在的利益。尤其是美国这样的霸权国家，打压、遏制、围堵中国，采取的手段是非常狠辣、非常残忍的。苏联解体之后，俄罗斯热情拥抱美国，却被美国用"休克疗法"摧毁了经济。这就是前车之鉴啊！

更何况，对于14亿多中国人来说，谁愿意去当美国的奴仆？谁愿意去当美国的走狗？英国人愿意，澳大利亚人愿意，因为他们本来就是"盎格鲁－撒克逊种族同盟"的一部分。日本人愿意，因为他们在军国主义彻底破产后，别无选择。但中国人绝对不愿意。中国从来没有要对美国搞霸权，美国要对中国搞霸权，也完全是痴心妄想。

中国政府和中国人民之所以高度关注孟晚舟案，是因为稍微懂得的人都知道，华为也好，孟晚舟也好，其被封锁、被扣留，本质上是在"为国受过"。美国打压华为，本质上是在侵犯中国的民族尊严，是在损害中国人民实实在在的利益。

还有人问，孟晚舟凭什么能坐上中国政府的专机呢？如果是一个普通的中国人，也能享受到这个待遇吗？

我可以明确无误地告诉大家，外交为民，是近年来一个越来越被贯彻执行的理念。今天，任何一个中国人，在海外遇险，只要向当地使领馆求助，就会得到支援和帮助。

2010年9月7日上午，一艘中国渔船在钓鱼岛海域先后与两艘日本巡逻船相撞。中国外交部副部长随后奉命约见日本驻华大使，要求日方停止非法拦截行动。当晚，日本海上保安厅以涉嫌"妨碍公务"为名逮捕了这艘中国渔船的船长詹其雄，同时以涉嫌违反日本《渔业法》为由对该船展开调查。中国外交部发言人姜瑜于9月9日抗议日方荒唐、非法和无效的扣押行为。9月13日上午，日本海上保安厅释放了9月7日被非法抓扣的14名中国渔民。9月25日凌晨，中国政府安排包机，将被日方非法抓扣的船长詹其雄接回福州。詹其雄在机场，同样受到了现场人群的热烈欢迎。

孟晚舟也好，詹其雄也好，今天的中国，绝对不会对自己的公民受到其他国家迫害坐视不管。今天的中国，一定会善待每一个为国家利益、为民族尊严作出巨大牺牲的中国人。

还有人问，在孟晚舟事件中，中国也将两个此前被判刑的加拿大间谍驱逐出境，这是不是妥协呢？我的回答是，这一定是妥协啊！

在大国博弈中，从来没有零代价、零成本的胜利。真正的胜利是，你付出了你能接受的代价，获得了你想要的结果。真正的失败是，你付出了所有，最终却在列强面前一败涂地。

中国将这两个加拿大间谍驱逐出境，完全是合理的做法。你们有罪，但这次你们的国家表现不错，因此，我们对你们宽大处理，仅此而已。

孟晚舟回国，是她个人的胜利，也是华为的胜利，更是中国国家的胜利。一个超级大国，动用了无数的司法、外交和政治资源，经过近3年的折腾，也没有办法给孟晚舟定罪。谁是谁非，难道还不清楚吗？从今往后，还有任何一个国家，敢在美国的教唆下，去扣留任何一个中国企业家吗？反之，如果中国不能坚持斗争，不能让美国和加拿大放人，今后，还有任何一个中国的企业家能在国际社会上获得安全感吗？

孟晚舟回国，是中美博弈中，中国取得的一个阶段性胜利。从某种程度上来说，这就是中美外交战中的"上甘岭战役"。美国不是很牛吗？它不是全球唯一的超级大国吗？它不是想炸谁就炸谁，想抓谁就抓谁吗？那美国为什么在3年后，还是要乖乖放人呢？

美国这次主动放弃引渡孟晚舟，是因为善良吗？是因为美国是一个全球一流的法治国家吗？是因为美国跟中国的关系很好吗？不！美国这么做的原因只有一个：中国政府和中国人民给美国施加了强大的压力，美国在经过理性的算计之后认定，此时此刻释放孟晚舟才更符合美国的国家利益。这是中国在21世纪，用美国听得懂的语言跟美国打交道后取得的胜利。

我们再把目光转向全世界，其他国家会怎么看待这件事情呢？美国的盟友当然清楚，在中美博弈的关键时刻，一定不要为美国"火中取栗"，因为它随时可以将你出卖。不是美国盟友的国家更是看清楚了，就算是霸权国家美国，在中国面前也不能为所欲为。这也许就预示着一个新旧时代的交替。

没有国，就没有家。在今天的中国，如果你爱国，就请大声说出来。那些享受了国家发展的种种好处，却在键盘上恨国、辱国的人，才最可耻。孟晚舟回国，或许会让那些人感到不舒服，但那又怎么样呢？只有他们不舒服了，更多的中国人才会舒服。

3. 在中美之间，中国人只能选择中国

很多中国人对美国有不切实际的幻想，这是铁一般的事实。我本科的专业是英语，长期阅读美国的报纸、杂志，长期看美国的电影、电视新闻和电视剧。在相当长的时间里，我也误以为美国就像电影里的一样。十几年前，美国的一切好像都是美好的、完美的，繁荣的经济、领先的科技、强大的军事实力、广受欢迎的美国流行文化……那个时候的美国，似乎就是人类的"理想国"。但从学生时代开始，我就有一个很大的疑问，当美国政客和媒体义正词严地就"民主""人权"等问题抨击中国的时候，真的是在关心中国人的福祉吗？

2008年国际金融危机，是很多中国人对美国认知的一个分水岭。在此之前，中国改革开放，主要是向美国学习。中国企业的机构设置，明显是"师从美国"的。但次贷危机引发的国际金融危机，让很多中国人意识到，美国也不是什么都是对的。后来，美国制造业企业外流、产业空心化、经济脱实向虚等各种问题开始为中国人所知，美国的制度神话出现了一条大裂缝。另外，美国对中国的刻意打压，也引发了很多中国人强烈的反感。

以我自己为例。我从来没有要主动去仇恨美国，更不会故意去挑动中

国民众仇恨美国，但美国政客和媒体长期以来对中国的片面污蔑、抹黑和攻击，让我感受到了美国长期坚持双重标准的虚伪本性，引发了我强烈的愤慨。

2019年的香港"修例风波"和2020年的新冠疫情，是打破美国制度神话的决定性事件。

美国支持乱港分子，激发了中国民众强烈的爱国热情。美国政客对乱港分子游行示威和暴力活动无原则的美化，更是让中国人非常愤怒。

2020年，新冠疫情在欧洲和美国暴发，西方发达国家应对疫情时的无力、混乱，民众的不守规矩和整个社会弥漫着的反智倾向，真的是让中国人大跌眼镜。而此时，中国国内疫情逐渐得到控制，复工复产顺利进行。疫情在全球的蔓延，与中国国内疫情得到决定性控制，形成了鲜明的对比，中国人也因此越来越自信。

成功控制疫情，只是中国民众彻底恢复国家自信和民族自信的一个里程碑。未来，国家和社会要做的事情还有很多，但归根结底，一定要让老百姓感受到国家实实在在地在变强大，一定要让老百姓感受到自己和家人的生活，因为国家的发展和强大，实实在在地在改善。

在这个过程中，我们特别需要强调不忘初心、牢记使命，坚持以人民为中心，充分发挥中国特色社会主义制度的优越性。这是一个漫长的过程。但只要我们社会稳定、经济繁荣、政治清明、环境改善，中国民众的国家自信和民族自信只会变得越来越强。

至于美国，当我对这个国家的历史和现实了解得越来越多的时候，美国制度神话的底色就消退得更快，最后呈现出斑驳、复杂的真实图景。今天的美国，依然有值得中国学习和借鉴的地方，但今天的美国，阶级矛盾、种族矛盾和意识形态矛盾日渐激化，正面临其建国以来最严重的挑战。

但在今天，仍有一部分中国人，会选择迷信美国制度神话。他们仍生活在美国在其巅峰时期创造的意识形态神话中，仍坚持认为美国是所谓的"自由民主的灯塔",是所谓的"山巅之城"。一些中国人,一移民美国,就会表现出所谓的"皈依者狂热"。他们为了证明自己选择的正确性,会带着极大的偏见和敌意,攻击中国的政治制度和发展模式;他们甚至不惜将迎合美国人长期以来对中国的偏见和敌意,作为其被美国主流社会接纳的"投名状"。诸如余茂春、闫丽梦这样的汉奸,罔顾事实,攻击和抹黑自己的祖国,其背叛祖国和人民的行径,必将遭到祖国和人民的唾弃。他们将被永远钉在历史的耻辱柱上。

今天,我也想向所有的中国父母说一声,未来,如果中美之间关系趋于缓和,我们仍可以将孩子送往美国留学,但最好是在研究生阶段再送出国。历史发展的大趋势已经非常明显了,世界经济的未来在中国。今天的中国孩子去美国留学,主要是为了开阔眼界,不是为了留在美国。有知识、有见地的中国父母一定能认识到这一点。同时,我也建议所有的中国父母,千万不要把留学当作镀金的一种方式。如果你的孩子在国内上不了好的大学,去美国随便找一所大学读书,将来回到国内,也不会有任何的竞争优势,因为留学生光环早已经不复存在了。

一个人的命运如何,既要看个人的奋斗,也要看历史的进程。期待我们每个人都能看清楚历史发展的大趋势,因为在这些大问题上,选择真的比努力更重要。

4. 中国官方媒体需要什么样的人？

2020年10月20日，北京日报报业集团下属的"长安街知事"微信公众号推送了一篇文章——《人民日报社、新华社同时迎来新社长》，在媒体圈引起了很大的关注。

庹震社长曾短暂在新华社工作过，我接触不多。何平社长自1982年从北大中文系新闻专业毕业后就在新华社工作，从2007年任新华社总编辑到2020年也已经有13年之久。我在新华社工作期间，有幸参加过几次何总编辑主持的会议，何总编辑给人的感觉是平易近人，并且总是能从新闻业务的专业角度，给予大家指导，提出要求。在2010年上海世博会报道策划会上，我曾经上报过一个选题——从上海世博会看世界经济格局变迁，何总编辑对选题方向给予了积极评价，我当时很受鼓舞。

我2014年离开新华社，南下深圳加入华为。过去6年，我换了几份工作，但我无时无刻不在关注新华社的报道和动向。我一直对"宣武门西大街57号院"心存感激，每次路过，也要多看几眼。每次在朋友圈看到新华社的优秀报道，我都与有荣焉。在新华社记者和报道遭遇一些质疑的声音的时候，我也尽可能站出来告诉大家，新华社的真实情况是什么样的。在我内心深处，我一直为在新华社工作的12年感到自豪，也一直希望，新华社作为中国国家通讯社，能够在新的历史条件下，为国家、为人民、为社会，作出新的重大贡献，让"国社"这个招牌的分量越来越重。

我自己非常喜欢国际新闻，也非常享受写作的过程。从2016年起，我开始在"明叔杂谈"公众号上写东西。从2019年9月回到北京起，我开始偏重写中美关系等重大国际热点问题文章，虽然不再是"国社"记者，但提笔行文之间，总是不忘"国社"的视角。这种视角或许在一些外人看来很可笑，但我觉得，一个人不论在哪个岗位，其坚信的东西都不易改变，也没有必要改变。在"国社"工作的经历，令我在写东西时，坚持中国立场，实事求是，捍卫国家利益。所以，你会看到，我对美国政府的倒行逆施有一种发自内心的反感；我对余茂春等帮着美国来对付中国的汉奸，有一种特别的愤怒和鄙视。你可以把我称为一个"自干五"，我以此为豪。

在互联网企业工作的6年，让我得以从不同的角度去看待很多问题。在新时代，像新华社这样的官方媒体，到底需要什么样的记者和编辑呢？接下来我谈谈这几年的感受，不敢贸然指手画脚，只算是一家之言，仅供参考。

对于一家官方媒体来说，最重要的是搞清楚自己的定位。我觉得，新时代的官方媒体，至少有三个定位。

第一，面向国内受众，要做政府和人民之间沟通的桥梁。官方媒体要通过各项报道，解疑释惑，增进广大人民群众对党和政府的信任，对国家重大方针、政策的支持。从根本上来说，就是要增强整个中国社会的内在凝聚力。随着中国的改革开放事业进入"深水区"，中国一定会遇到各种各样的挑战和问题，民众中必然会出现各种各样的声音，包括杂音。官方媒体，既要做好党和政府的"解读者"，也要做好人民群众心声的"回应者"，一肩挑两头：一方面，主动传达党和政府的各种路线、方针、政策；另一方面，回答好人民群众关于党和政府的各种问题。从这个角度出发，衡量官方媒体价值的标准就是，其一切报道，是否有利于促进人民群众与党和政府之间的理解与信任。

第二，面向国外受众，要做中国政治制度、发展道路和发展模式的舆论捍卫者。世界正面临百年未有之大变局，中国的发展，正在西方世界中引发强烈的不适。以美国为首的部分西方国家，正在重返冷战时期意识形态对抗的思路，发动对中国政治制度、发展道路和发展模式的攻击。这个时候，我们的官方媒体对内要揭穿西方国家的阴谋，让民众真正建立起对中国政治制度、发展道路和发展模式的自信；对外要针锋相对地跟西方国家打舆论战，不能任由它们定义中国，要夺回对中国政治制度、发展道路和发展模式的解释权、定义权和评价权。从这个角度出发，衡量官方媒体价值的标准就是，其一切报道，是否有利于增强国内民众对中国政治制度、发展道路和发展模式的自信，是否有利于在国际社会阐明中国政治制度、发展道路和发展模式的定义。

第三，面向党和政府及人民群众，本着解决问题和建设性的原则，做好舆论监督工作，不断推动中国政府和社会治理能力升级，实现中国的长治久安。官方媒体要充分发挥党和国家"耳目喉舌"的功能，去发现党和政府，以及有关部门、社会组织、企业等在实际工作中不科学、不合理的地方，去揭露和批判那些损害党和政府权威和公信力、损害人民群众对党和政府信任的不当行为，推动实现中国国家和社会发展的长治久安。官方媒体进行舆论监督，必须有必要的前提：一方面要对党和国家各项方针、政策有发自内心的认同；另一方面，要对人民群众的利益有发自内心的关心。官方媒体进行舆论监督，不能"带节奏"、不能煽动社会对立，要针对具体问题，做精准的剖析和批判，最终的目的还是要解决问题，化解民怨，从而增进人民群众对党和国家的信任与理解。

在明确中国特色官方媒体定位的基础上，对于官方媒体需要什么样的人，答案也呼之欲出了。

第一，官方媒体需要真正有信仰的人，这种信仰体现在对中国政治制度、发展道路和发展模式的坚定自信上。

第二，官方媒体需要真正爱国的人，需要能时刻在国际舆论斗争中坚持中国立场，捍卫中国国家利益的人。

第三，官方媒体需要真正把人民利益放在心上的人，需要在新闻工作中时刻体现以人民为中心的人。

第四，官方媒体需要真正热爱新闻事业、高度自驱、对新闻业务不断精益求精的人。

非常感谢那些面临重重挑战依然在官方媒体坚持奋斗的新闻战线上的同事，你们的工作是有价值的，向你们致敬。不管身在何处，我都愿意跟你们一起并肩战斗。

5. 历史从来不是由精致的利己主义者写成的

我家楼下就是北京西二环的广安门，从广安门往东大约200米，路北就是报国寺。报国寺附近有一座城市公园——广宁公园，只要不是刮风下雨，家人几乎每天都要带小孩到这里玩儿。

人们已经淡忘了报国寺的由来，但细心的民众会注意到，在修缮一新的广宁公园里，立起了一座顾炎武的塑像。在公园北边的台阶上，有一个小小的长廊，中间挂着一块匾额，上书八个大字——"天下兴亡，匹夫有责"。

从广安门往西，再往西南，总共大约行进14千米，就可以看到卢沟桥。桥下就是永定河，桥东就是宛平城。1937年7月7日夜，日军借口士兵失踪，要进入宛平城搜索，被驻防的第29军219团团长吉星文拒绝。随后日军炮轰宛平城，"七七事变"爆发，成为中国全面抗战的开端。时年29岁的吉星文，是抗日名将、革命烈士吉鸿昌的族侄。7月28日，日军开始对南苑发起总攻。由于第29军军长宋哲元的政务处处长、汉奸潘毓桂出卖情报，日军从由学生军驻防的力量最薄弱的西南方突进，第29军损失惨重，被迫撤退，但撤退路线依然被潘毓桂告知日本人。在撤退途中，因遭遇日军伏击,第29军副军长佟麟阁、132师师长赵登禹英勇阵亡。

过去几年,我凡是讲课、分享,都会提到,今天的北京,有约1.6万平方千米的面积、2100多万的常住人口,但只有三条道路以人名命名,即佟麟阁路、赵登禹路、张自忠路。佟麟阁路南起宣武门西大街,北接长安街,一条东西向的新文化街将其分为南北两段。我工作了12年的新华社就位于佟麟阁路南段东侧。张自忠是第29军38师师长,北京沦陷后,张自忠受命留守,与日本人周旋,被外界谣传为汉奸。此后,张自忠转战中原大地,一心求死以明志,1938年至1940年先后参加徐州会战、武汉会战、随枣会战与枣宜会战,1940年在襄阳对日军的战斗中不幸牺牲。我老家在湖北十堰,就紧挨着襄阳。

日前,"明叔杂谈"读者群里爆发了一场小小的争论,一位朋友转发了一个问题:"当国难来临时,你愿意为国捐躯吗?"在一个网络平台上,这个问题下面有21767个回答,其中三个获得最多点赞的回答,要么明确说"不愿意",要么说"愿意,但是有条件"。

时至今日,和平时日已久,但国家面临的各种外部威胁从来没有远去。这些回答发人深省。你并不能简单地指责这些人没有爱国精神、没有牺牲精神。任何一个正常人,都是趋利避害的。更重要的是,只有在公平和正义的前提下,才会有更多的人愿意为了国家和民族的利益去牺牲。

这些回答至少告诉了我们三个道理:第一,今后国家和民族有难,党员干部应身先士卒,不贪生、不畏死;第二,国家应善待所有的军人及其家属;第三,我们还需要更好的思想政治教育。

网上还有人说:"如果我守不住一个菜摊子,我为什么要去守钓鱼岛?"但我要说的是,守菜摊子和守钓鱼岛,两者并不是相互矛盾的。守菜摊子是为民生,守钓鱼岛是为主权。任何一个国家,如果没有能力维护国家主权和领土完整,也根本不可能保障和改善民生。我也要和那些在网上说风凉话的人说,不要做一群和平年代的"键盘侠"。真到了国难临头之时，打仗，靠的是中国共产党领导下的中国人民解放军，不靠"键盘侠"。所谓的"键盘侠"，既没有上战场的能力，又没有上战场的资格。请你们不要用精致的利己主义，去标榜自己所谓的"独立思考"。

一个国家和一个民族，如果自己不争气、不作为，势必会在对外斗争中遭遇惨败。1894年，甲午海战，号称亚洲第一、世界第八的清朝海军，在日本海军面前惨遭失败。曾国藩、左宗棠、李鸿章等人搞了几十年的洋务运动，也在事实上宣告失败。晚清官场腐败，绝大多数人都是精致的利己主义者。在军中，同样如此。士兵会想，我为什么要拼死打仗？我战死了，谁来照顾我的妻儿老小？我打赢了，还不是那些当官的升官发财？对于很多将领来说，麾下军队不是捍卫国家主权和尊严的"利器"，而是个人的政治资本。三军将士不拼搏，买再多的洋枪洋炮，也无济于事。上下不能同心，再多的军人积聚起来，也不过是乌合之众而已。

从鸦片战争爆发到抗日战争胜利的100多年，是中国这个文明古国最虚弱的100多年。抗日战争期间的中国，空有四万万五千万同胞，但国家积贫积弱，国民党政府政治腐败、派系倾轧，以一个农业国的国力，跟明治维新以来国力蒸蒸日上的日本对抗，付出了惨重的代价。但是，不管有多少精致的利己主义者，在中国这个从古至今高度赞赏舍生取义的国家，还是涌现出了一大批勇敢的军民，不仅让日本短期内灭亡中国的计划破产，而且让中国迎来了最终的胜利。在整个抗日战争期间，中国军民伤亡超过3500万，日军伤亡120万—150万。中国军民牵制了绝大多数日军，为二战胜利作出了不可磨灭的贡献。

任何民族，都不应鼓励无谓的牺牲，但在民族危难之际，一个不懂牺牲、不敢牺牲的民族，只配当亡国奴。对于那些在网络平台上，以种种理由证明自己在国难当头之时不想牺牲的人，我只想说，历史从来都不是由精致的利己主义者写成的，而是由真正的英雄写成的。一个有着几千年文明史、文化传统不断传承的大国，在历史最紧要的关头，如果没有人站出来，舍生取义，早就亡国了。没有无数英烈的牺牲，就没有今天的中国。

2019年是新中国成立70周年。当年，在世界GDP排名中，美国第一，约为21.5万亿美元；中国第二，约为14.3万亿美元；日本第三，约为5.1万亿美元。中国GDP总量，即便是以名义汇率计算，也约为日本的3倍。近代以来，中日力量对比已经发生了颠覆性变化。2019年，中国粗钢产量接近10亿吨，印度约为1.1亿吨，日本为9930万吨，美国为8790万吨。

诚然，在今天的世界经济中，高科技行业和金融行业抢占了太多的风头，服务业在各国经济体系中的地位也越发重要。粗钢产量，作为一个工业化时代的指标，已经不再是衡量国力的重要标准。但无论如何，今天中国的工业化能力，已经在全世界位居前列。今天，中国可以自主生产所有需要的武器装备。任何一个国家，都不可能重复在中国本土作战的侵略行径。

但天下并不太平。自二战后"独霸"世界的美国，目前正处在其霸权建立后相对虚弱的阶段。美国为了维护自身霸权，对中国发起了前所未有的打压。这种打压是全方位的，从贸易战到科技战，从外交战到舆论战，过去几年，中国上下倍感压力。这也是中国自改革开放以来，面临的国际环境最为复杂的一个时期。

今天，一大批21世纪的汉奸，甘愿投靠到美国政府门下，像余茂春之流，死心塌地为美国打压中国出谋划策。但他们终将像之前的众多汉奸一样，遗臭万年。在今天的中国国内，依然有很多"糊涂虫"。他们认为，美国打压中国，都是因为中国放弃了"韬光养晦"的策略。他们中的一些人，被美国洗脑，在网上发表各种奇谈怪论，以证明自己所谓的"独立思考能力"。恰恰是这些人，罔顾民族大义，站在了历史错误的一边。

我离开新华社后，主要从事的是企业文化工作，本质上就是做思想政治工作。一个企业，必须有自己的使命、愿景和价值观，让员工在一份工作、一份收入之外，看到自己工作更大的意义与价值。一支军队，必须有军魂。所谓的"有军魂",就是要有崇高的理想和强烈的使命感,就是要有不怕牺牲的勇气,就是要有能打胜仗的能力。一个国家,必须要有自己的民族精神,保持自信,但不自大;保持开放,永不封闭;保持自强,永不懈怠。

有人问我,面对美国的打压,中国的应对之策是什么?我说,很简单,对内改革,对外开放,在国际上建立反对美国霸权的统一战线。流水不腐,户枢不蠹。改革是任何一种体制得以保持实事求是、与时俱进精神的唯一法宝。开放,对内可以倒逼自己苦练内功,对外可以广交朋友,是中国崛起的秘诀之一。

与此同时,面对美国的疯狂打压,中国正在努力传递理性的声音。中国不仅要与世界上其他反对"新冷战"、反对单边主义的国家和人民建立起统一战线,还要与美国内部反对美国霸权的力量建立起统一战线。今天一些美国人空有叫嚣"新冷战"的冲动,却没有靠谱的战略,更没有过硬的实力,在中国与世界其他国家和地区利益高度融合的情况下,美国不可能建立起反华意识形态统一战线。对中国的遏制,不过是一些美国人的徒劳尝试。

中国的崛起正处在爬坡过坎的关键时期。时至今日,中国从来没有去侵略别国一寸领土,更没有征服世界的野心。中国要的就是,在捍卫国家主权和领土完整的基础上,与全世界开展贸易合作,实现互利共赢。

没有国,就没有家。维护一个更好的国,归根结底,还是为了一个个更好的家。今天,我们追求的是人民有信仰,民族有希望,国家有力量。所谓"信仰",就是追求中华民族的伟大复兴。而要实现中华民族的伟大复兴,靠的就是每个人都踏踏实实做好自己的事情,借用华为的理念,就是"认认真真地把豆腐磨好"。

6. 今天的中国记者，都应该努力构建中国社会的最大公约数

2021年11月8日，又是一个记者节。

记者是一个非常特殊的职业。我在"国社"做国际新闻编辑、记者12年，这不仅让我有机会去全世界四五十个国家，也让我对事实和逻辑有强烈的"洁癖"，更让我在一次又一次跟西方媒体的较量中，看清其伪善、"双标"的真面目，让我得以在实事求是地看待中国存在的各种问题与不足的同时，坚信今天的中国选择的政治制度、发展道路和发展模式最适合中国国情，最有可能实现民族独立、国家富强、人民幸福。

在中国，记者是一个非常复杂的群体。像新华社这样官方媒体的记者，有着严格的报道纪律，也有自己的报道特点和要求。虽然新华社的记者都只是普通的新闻工作者，但在很多重大、敏感问题的采访、提笔、成文、发稿方面，大家想的都是大局："记者笔下有是非曲直，记者笔下有财产万千，记者笔下有毁誉忠奸，记者笔下有人命关天。"这段在记者圈中广为流传的话，说出了很多人的心声。我观察到，中国也存在一些记者，他们的自我定位是"自由派知识分子"。他们中的一些人深受西方所谓"新

闻媒体是第四权力"理念的影响，更愿意去揭露社会中的阴暗面，并认为这是一种个人正义感和责任感的体现。他们中的一些更为极端的人，在接触到社会中的很多阴暗面后，心态发生了很大的变化，会倾向于认为他们看到的就是今天中国社会的全部，甚至产生了从根本上否定当前中国选择的政治制度、发展道路和发展模式的极端想法。

今天，中美博弈正酣，中国发展之路面临着巨大的外部不确定性。这个时候，记者在中国社会到底应该扮演什么样的角色，到底应该发挥什么样的作用？我认为，今天的中国记者，不论身处何地、身居何位，都应该努力构建中国社会的最大公约数。而这个最大公约数的内涵，跟我长期以来对"明叔杂谈"读者的建议一样，就是爱国、理性、科学、务实。

接下来，我分享一下自己对爱国、理性、科学、务实的理解。

首先说一下爱国。爱国本来是一种极其朴素的价值观。一个人热爱自己的国家，是最基本的情感和价值取向，也是应该具备的最基本的素养。但是在中国，一段时间以来，部分人受西方思想影响，把爱国跟民粹主义联系起来，故意把爱国跟爱政府、爱党进行区分，以此来标榜自己所谓的"自由思想、独立人格和批判精神"。这是一种错误的认知和思想倾向。实际上，爱国就是爱国，它跟民粹主义无关，跟盲目排外更无关。简单来说，爱国就是热爱你自己的国家，对你自己国家的历史、文化和传统感到自豪，希望你自己的国家越来越好，希望你自己国家的人民生活越来越幸福。

起源于西方的很多现代思潮，喜欢强调历史虚无主义，倾向于解构一切宏大的叙事和话语方式。受到这些思潮影响的人，对爱国这样的情感和价值取向在心理上有强烈的排斥感，并以此为傲，产生一种"高人一等"的认知优越感。很多人甚至觉得，爱国是一种浅薄、缺乏独立思想和精神的表现。实际上，宏大叙事与个人叙事从来不矛盾。没有国，何来家？一个国家，遭受外敌入侵，"国破山河在，城春草木深"，这就是家与国紧密相连的真实写照。今天的中国重新崛起为世界大国，中国国民则在国际社会享有更大的尊重，这也是家与国紧密相连的真实写照。这本来是一个极其简单的道理，但今天很多人却对此存在错误的认知。

总体来说，人类进入21世纪，国际关系中的很多基本范式并没有发生太大的变化。民族国家仍是国际关系中的主体，任何人都不可能超越国家、超越民族而存在。即便你认为自己可以超越这一点，国际政治的现实也不会允许。在美国对中国进行遏制、打压、围堵、污蔑的今天，没有一个中国的企业和中国人能独善其身。华为不能，华为的员工不能，中国赴美留学生不能，中国的外贸企业不能……中美博弈，早晚会以各种直接或间接的方式，影响到我们每一个人。在这个时候，面对美国的野蛮打压，作为一个中国人，我们只能奋发图强，只能支持中国全力取胜，因为我们都清楚，如果中国失败了，14亿多中国人，都将付出属于自己的代价。

其次，除了爱国，我们也要倡导理性。这种理性是多方面的。其中一层意思是能够理性看待其他国家的发展成果。热爱自己的国家、历史和文化，与尊重其他国家、其他国家的历史和文化，本来就不矛盾。今天的中国，选择了一条继续向全世界开放、与其他国家互利共赢的发展道路。我们需要继续学习其他国家先进的技术和管理经验，也需要学习其他国家有价值的思想和理念。我们通过开放去不断发展和壮大我们自己，并在这个过程中为全世界作出自己的贡献。

所谓"理性"，还包含一层意思，那就是能实事求是地看待中国自身。中国特色社会主义道路要求实事求是、与时俱进。我们坚定地支持中国特色社会主义道路，但同时也要敢于直面中国在发展过程中各种不成熟、不完善的地方，要想办法不断完善中国的治理体系和提升中国的治理能力，这样才能真正让中国发展得更好。爱国并不意味着认为中国一切都很完美，不能接受对中国的现状提出任何建设性的意见和建议，这也不是一种理性的态度。

再次是科学。我们必须承认，科技是第一生产力。当今世界各国之间的较量，主要还是以经济和科技实力为基础的综合国力的较量。科技没有国界，但科学家有国籍。中国必须有独立自主地发展科技和产业的能力。这不是为了讹诈和遏制其他国家，而是为了让中国免于被其他国家讹诈和遏制。

最后是务实。我们应该崇尚"空谈误国、实干兴邦"的理念，每个人都应该脚踏实地做好自己的事情。只要把每个人的力量汇聚在一起，就能建设一个伟大的祖国。

今天，不管你是官方媒体的记者，还是市场化媒体的记者，或者是自媒体的记者，每个记者都可以有自己的价值取向，但依然应该承担一个记者应有的责任，努力构建中国社会的最大公约数，让中国发展得更好，让中国老百姓的日子过得更好。一家之言，与所有的记者朋友们、曾经从事记者工作的朋友们共勉。